diário filosófico

Impresso no Brasil, junho de 2011

Título original: *Jurnal filozofic*

Copyright © Humanitas 1990

Os direitos desta edição pertencem a
É Realizações Editora, Livraria e Distribuidora Ltda.
Caixa Postal: 45321 · 04010 970 · São Paulo SP
Telefax: (11) 5572 5363
e@erealizacoes.com.br · www.erealizacoes.com.br

Editor
Edson Manoel de Oliveira Filho

Gerente editorial
Bete Abreu

Preparação de texto
Liliana Cruz

Revisão
Marileide Pereira

Capa
Mauricio Nisi Gonçalves e Cido Gonçalves

Projeto gráfico e diagramação
Mauricio Nisi Gonçalves / André Cavalcante Gimenez - Estudio É

Pré-impressão e impressão
Cromosete Gráfica e Editora

Reservados todos os direitos desta obra.
Proibida toda e qualquer reprodução desta edição
por qualquer meio ou forma, seja ela eletrônica ou mecânica,
fotocópia, gravação ou qualquer outro meio de reprodução,
sem permissão expressa do editor.

diário

CONSTANTIN NOICA

filosófico

Tradução
Elpídio Mário Dantas Fonseca

Conferência com o texto romeno
Cristina Nicoleta Mănescu

Constantin Noica (julho de 1909 - dezembro de 1987)

CONSTANTIN NOICA (Vităneşti-Teleorman, 12/25 de julho de 1909 – Sibiu, 4 de dezembro de 1987). Estreou na revista *Vlăstarul* [O Renovo], em 1927, como aluno do liceu bucarestino "Spiru Haret". Estudou na Faculdade de Letras e Filosofia de Bucareste (1928-1931), formando-se com a tese de licenciatura *Problema Lucrului în Sine la Kant* [Problema da Coisa em Si em Kant]. Foi bibliotecário no Seminário de História e Filosofia e membro da Associação "Criterion" (1932-1934). Depois de fazer estudos especializados na França (1938-1939), fez o doutorado em Filosofia, em Bucareste, com a tese *Schiţă Pentru Istoria lui Cum e cu Putinţă Ceva Nou* [Um Esboço para a História de Como é Possível Algo Novo], publicada em 1940. Foi relator de Filosofia nos quadros do Instituto Romeno-Alemão de Berlim (1941-1944). Concomitantemente editou, juntamente com C. Floru e M. Vulcănescu, quatro dos cursos universitários de Nae

Ionescu e o anuário *Isvoare de Filosofie* [Fontes de Filosofia] (1942-1943). Teve domicílio forçado em Câmpulung-Muscel (1949-1958) e foi detento político (1958-1964). Trabalhou como pesquisador no Centro de Lógica da Academia Romena (1965-1975). Os últimos doze anos, passou-os em Păltiniș, sendo enterrado no pequeno mosteiro próximo.

Livros originais, enumerados em ordem de aparição da primeira edição: *Mathesis sau Bucuriile Simple* [Matese ou a Alegria Simples] (1934); *Concepte Deschise în Istoria Filosofiei la Descartes, Leibniz și Kant* [Conceitos Abertos na História da Filosofia em Descartes, Leibniz e Kant] (1936); *De Caelo. Încercare în Jurul Cunoașterii și Individului* [Do Céu. Ensaio acerca do Conhecimento e do Indivíduo] (1937); *Viața și Filosofia lui René Descartes* [Vida e Filosofia de René Descartes] (1937); *Schiță pentru Istoria lui Cum e cu Putință Ceva Nou* [Um Esboço para a História de Como é Possivel Algo Novo] (1940); *Două Introduceri și o Trecere spre Idealism* [Duas Introduções e um Caminho para o Idealismo] (com tradução da primeira introdução kantiana da "Crítica da Razão") (1943); *Jurnal Filozofic* [Diário Filosófico] (1944); *Pagini despre Sufletul Românesc* [Páginas sobre a Alma Romena] (1944); *"Fenomenologia Spiritului" de G. W. F. Hegel Istorisită de Constantin Noica* ["Fenomenologia do Espírito" de G. W. F. Hegel, contada por Constantin Noica] (1962);

Douăzeci şi Şapte Trepte ale Realului [Vinte e Sete Degraus do Real] (1969); *Platon: Lysis* [Platão, Lísias] (com um ensaio acerca do entendimento grego do amor dos homens e das coisas) (1969); *Rostirea Filozofică Românească* [Fala Filosófica Romena] (1970); *Creaţie şi Frumos în Rostirea Românească* [Criação e Beleza na Fala Romena] (1973); *Eminescu sau Gânduri despre Omul Deplin al Culturii Româneşti* [Eminescu ou Pensamentos acerca do Homem Pleno da Cultura Romena] (1975); *Despărţirea de Goethe* [Separação de Goethe] (1976); *Sentimentul Românesc al Fiinţei* [O Sentimento Romeno do Ser] (1978); *Spiritul Românesc în Cumpătul Vremii. Şase Maladii ale Spiritului Contemporan* [O Espírito Romeno no Equilíbrio do Tempo. Seis Doenças do Espírito Contemporâneo] (1978); *Povestiri despre Om (După o Carte a lui Hegel: "Fenomenologia Spiritului")* [Relatos sobre o Homem – de Acordo com um Livro de Hegel: "Fenomenologia do Espírito"] (1980); *Devenirea întru Fiinţă* [O Devir no Ser], vol. I.: *Încercare asupra Filozofiei Tradiţionale* [Ensaio de Filosofia Tradicional], vol. II: *Tratat de Ontologie* [Tratado de Ontologia] (1981); *Trei Introduceri la Devenirea întru Fiinţă* [Três Introduções ao Devir no Ser] (1984); *Scrisori despre Logica lui Hermes* [Cartas sobre a Lógica de Hermes] (1986); *De Dignitate Europae* [Da Dignidade da Europa] (em alemão) (1988); *Rugaţi-vă pentru Fratele Alexandru* [Rogai pelo Irmão Alexandre] (1990).

Desapareceu-me uma página deste diário. Que dissera eu ali? Pode ser que fosse algo profundo, algo decisivo. Subitamente invade-me a inquietação de saber-me estranho a mim, daquilo que de melhor tenho em mim, e entendo a máxima estranha de Agostinho: há em nós algo mais profundo do que nós mesmos.

***

Homens. Não coisas, nem paisagem; homens. Estar sequioso do homem novo, assim como está de novos mundos. Porque cada homem é uma forma de teimosia, ou seja, uma ideia. Ter prazer de ver qual é o gosto da ideia, qual é a voz dela. Como ela sorri.

***

A filosofia não é possível senão na cidade, entre homens, naqueles mercados de que não se desgrudava Sócrates.

Ela lhe dá o único encontro com o outro. Você põe andar sobre andar, suprime os jardins (ou deixa, quando muito, estes jardins públicos convencionais) – e algures, perto de uma escada de serviço, vai nascer um filósofo. Há ainda muita natureza na Romênia.

***

Vivi algum tempo num prédio. No andar de cima houve uma festa de casamento. Dançavam, mas quase sem ritmo. De vez em quando uma voz rouca se elevava dentre as outras; provavelmente cantavam um refrão. Um vidro se estilhaçava, barulhento. Que caos é uma festa, que absurdidade!

Mas será assim *lá dentro*? Tudo se organiza, visto dali, e o ritmo da dança é ritmo, e as vozes são uma, e até o vidro que se estilhaça entra no desenrolar da festa. Existe uma lei de crescimento interior da festa, precisamente como crescem as coisas na cena em que se estilhaça, deve estilhaçar-se, o vaso de *O Idiota*, de Dostoiévski. Os de dentro conhecem essa lei de crescimento, e para eles tudo se mantém, até o excesso, ao passo que para o de fora tudo é caos. Assim deve ser com os que julgam de fora qualquer ação, qualquer fato da vida: estão em outro andar.

E me dou conta, enquanto estou acordado na madrugada, quão profundo fato de vida é uma festa. Quem disse que não se pode "contar" um baile? É quase um milagre, como qualquer fato da vida. É tão bela a vida, com o seu crescimento em direção a não se sabe o quê! Um crescimento rigoroso, estritamente geométrico, como em Bach – em direção a não se sabe o quê.

No dia seguinte encontro um conhecido do prédio. "Que bela é a vida!", exclamo bem abruptamente. "Esteve ontem na festa de casamento?", pergunta-me ele.

***

Não temos um termo romeno para "devir". Temos alguns para ser, mas não temos para devir. Poderíamos ter o termo: realizar (algo *se passa*, que é mais do que acontece, tem lugar: tem desenrolar). Mas expropriaram-no as pândegas. O nosso único devir está no bom humor, na distração – no estranhamento.

***

Sonho com uma escola em que, para dizer a verdade, não se leciona nada. Vive-se tranquilo e decente, numa margem da cidade, mas os jovens, alguns jovens do mundo, vão até lá para se libertarem da tirania do professorado. Pois tudo e todos lhes dão aulas. Tudo tem de ser aprendido de fora e de cor, mas a única coisa que lhes é permitida, de vez em quando, é fazer perguntas. Mas não veem que têm também algo que dizer, algo que testemunhar? E não veem que não temos sempre o que lhes dizer? Somos talvez intermediários entre eles e eles mesmos. (Mas nem isso lhes pode ser dito.)

***

O discípulo vem a você para lhe pedir algo. Você deve ensiná-lo que não tem nada que receber, que tem de crescer. O discípulo quer tornar-se hera. Você deve deixá-lo ser o que deve ser: até mesmo erva daninha. E o seu final mais belo – a fertilidade! – é ser invadido de ervas daninhas.[1]

***

... Era um homem tão jovem e harmonioso, que me imaginei um teólogo que exclamaria: "Vocês são os que mantêm o mundo no lugar! Para vocês deve o mundo ser perpetuado, adiado. Deus o salvaria se ainda não houvesse seres que se alegrassem dele e atrasassem, por tudo o que há de pagão nele, o resgate".
Manterem o mundo parado. É morte? É vida?

***

Toda a nossa vida moral cabe aqui: entre o filho pródigo e seu irmão. Perdemo-nos e arrependemo-nos; ou conservamo-nos e petrificamos nosso coração. É ruim não

---

[1] Este pensamento – e alguns outros do diário – foram, por acaso, empregados em alguns artigos. Restituo-lhes aqui a pureza de páginas de um *Diário Filosófico*.

obedecer. Mas é igualmente ruim *saber* obedecer – e guardar na memória.

***

O pensamento da Escola, aquela onde não se leciona nada, me importuna. O estado de espírito, isso deve ser dado aos outros; não conteúdos, não conselhos, não ensinamentos. Do mesmo modo não são necessárias lições. Mesmo a um homem que lhe pergunta, você não tem necessidade de lhe dar uma "lição". Um livro, que você tira da biblioteca, um *Prelúdio* de Bach que põe de noite, em tranquilidade, ou um exemplo de serenidade intelectual são muito mais educativos do que uma lição. Esses homens jovens veem que você quer incorporar uma ideia e começam a incorporar também eles uma. (Quiçá "o pensamento único", de que falava Pârvan.) Creio que essa escola deve ser feita.

***

Tout est vrai là dedans, rien n'y est exact [tudo é verdadeiro lá dentro, nada é exato], dizia Barrès contra os engenheiros do tipo de Charles Martin, contra os filólogos, contra os professores, contra os irmãos do filho pródigo.

***

Sisudo como o irmão do filho pródigo.

***

Maria e Marta — Maria que está aos pés do Salvador, Marta que se fatiga pela casa, sisuda — são, no fundo, o filho pródigo e o irmão. Mas o destino do filho pródigo é perder-se na ação, ao passo que o de Maria é perder-se na contemplação. É toda a distância entre o espírito masculino e o feminino, aqui. Os homens se definem de acordo com o modo como se perdem.

***

Que pode oferecer um espírito feminino? Uma felicidade única, um êxtase único. E toda a técnica da feminilidade é de pulverizar essa felicidade em felicidades inumeráveis, numa sucessão de devires de felicidades menores. Pois ela parte do ser (Simmel!) e então procura o devir e o diverso; ao passo que o homem parte do devir e está sequioso do ser, da unidade.

A sede do Um de perder-se e a sede do Múltiplo de se reunir.

***

Saí naquela noite, repetindo o tema único da *Passacaglia* de Bach, com o sentimento de que, se o perdesse, ficaria vazio. Pavor de ser abandonado, apenas a música dá verdadeiramente.

***

Não conheço nada mais detestável, em música, do que o final da *Quinta Sinfonia* de Beethoven. Quinze minutos antes de terminar, sentimos que vai terminar; que terminou. Bach não pode terminar. Por isso são tão belos os seus finais. Não uma repetição, não uma conclusão bem pontuada, como em Mozart ou Beethoven. Mas dilaceramento; esforço vão de renovação: dificuldade de despedir-se da matéria, o sono, o sortilégio da música – se não o obteve, por uma mudança miraculosa de tom: a transfiguração.

***

Nesse livro extraordinário (escrito de maneira medíocre, enervantemente ditirâmbico, no entanto, extraordinário) de Anna Magdalena Bach acerca de seu marido, reencontro, desta vez no registro da vida de Bach, aquela mesma dificuldade de pôr fim. Há finais em seu final, como na música. Poderia terminar depois de ter ditado a Altnikol, genro dele, na noite seguinte, aquele "Estou diante de Teu Trono, Senhor". Mas ainda não termina. Pouco antes de morrer, recupera, por alguns instantes, a visão, perdida havia tanto tempo; revê a todos os seus, mas quando Magdalena lhe mostra uma rosa vermelha, ele pronuncia aquele: "mas há cores mais belas para onde vou!", que poderia ser ainda um final. Mas somente quando Magdalena lhe pede para tocar-lhe algo – que voz teria sido? –, o coral que cantará com todos, é que Bach termina verdadeiramente.

É a dificuldade de despedir-se do *sono* da vida.

***

Se você ama a música – as perdas, os derramamentos, os crescimentos; se lhe agrada a geometria e o rigor, sem lhe empedrar o coração e a mente; se tem um grama de loucura e um monte por medida – você vai se encontrar, algum dia, com a filosofia.

Ontem procurei o lugar para a Escola: uma casa à margem da cidade, para mim e um amigo, dois. Num quiosque, perto de uma cancela, pergunto pela saída para o bosquet Ştefăneşti. "A quem procura lá?", pergunta-me, desejoso de conversar, o homem.

Sobressalto-me um momento. No fundo procuro a mim mesmo. Dirigia-me para ali para encontrar esta aparição estranha que é você mesmo, projetado no futuro. Mas não tenho a coragem de praticar filosofia com o vendedor de tabaco. Falo-lhe acerca de um tipo de professor que está ali, sem alunos, numa escola em que não se leciona, para dizer a verdade, nada. "Não ouviu falar dele?", pergunto. "Claro que sim, parece-me que ouvi. É um..."

O homem sabia. Eu ainda não sabia, mas ele sabia – tudo o que era sabido para os outros.

***

Seja sozinho, como uma criança entre adultos. (Rilke)

***

Os adultos felicitam as crianças; os sábios, aos loucos; os reis, aos pobres, e o irmão do filho pródigo, ao filho. Que destino nos encaminha permanentemente para *o outro?* Não para outra coisa – que poderia ser nossa –, mas para o outro.

Também o filho e o irmão estão infelizes. Assim se pode começar um tratado de ética.

***

Agrada-me o começo da Bíblia. Deus faz a luz e depois vê que é boa. Faz a terra e as águas, e depois vê que são boas. (Apenas no homem não vê isso. Teria sido autoevidente?) Em qualquer caso, primeiro cria e depois se põe a julgar. Que réplica extraordinária para a Teodiceia de Leibniz, em que o mundo é criado *porque* é o melhor.

Apenas nós, homens, leibnizianos natos, exigimos que o programa preceda os fatos. Seres de costas para a vida, seres teoréticos e absurdos que somos!

Por escrever um Anti-Matese. (Se bem que... se bem que... Havia tanta febre da *ideia*, ali? Ou antes, era *febre* da ideia?)

***

Abel é pastor e Caim é agricultor. Abel se perde, como o Filho, e Caim calca o lugar, como o Irmão. Mas Caim mata Abel. Sempre Caim mata Abel.

Penso, por exemplo, naquelas duas almas romenas: a alma pastoril e a alma agrária. Tudo o que é nostalgia e liberdade, tudo o que é sentimento artístico, tudo o que é sede de horizontes novos – dizem alguns – está em nós pela alma pastoril. Mas passou por ela a alma estável do agricultor e a devastou; irá devastá-la.

Somos o país de Caim, em que Abel ainda não morreu de todo. Mas virá o castigo de Deus, a máquina, e vai expulsar a ambos – para que a nação deles cresça, cresça biblicamente, para além dos horizontes do país.

***

Que papel curioso tem "a onda" na história romena; onda de Trajano e outras ondas. No fundo, a onda é o símbolo do movimento; mas entre nós pararam e se transformaram em muro de defesa. Os primórdios romenos constavam de petrificação de ondas.

E vem-me à mente Russo: "A melancolia da Bíblia está por cima da nação; o país se despedaça entre linhas plangentes dos cronistas e contos dolorosos do povo".

Um "grito forte", isso queria ele. Mas não tinha quem o escutasse.

***

Num texto mahaceano de Hasdeu, acerca dos que estão no inferno: "Vão levantar-se, no dia do juízo, nus e negros, sombrios, tortos e medonhos, sujos e ligeiros". Por que ligeiros? Pode ser que venha da visão do inferno na nossa Igreja. Mas é um medo curioso de movimento, em nossa visão popular. É uma obsessão de serenidade na consciência romena, obsessão que de vez em quando Neagoe Basarab restitui, segundo sabe lá que asceta oriental: "Quem não tem irritação, este vê Deus".

Tem razão o meu amigo V.: a visão *popular* romena é a de um cortejo imperial. Que não nos cansemos no caminho!, diz C.

***

"Não sabeis que havemos de julgar aos anjos? Pois quanto mais as coisas do século?" (Paulo, 1 Coríntios 6,3).[2] Em algum lugar, Nae Ionescu procura um comentário a essa palavra perturbadora: "... o primeiro (o anjo) não sendo senão um ideal de sublimação das coisas; o segundo (o homem), o degrau para chegar a Deus".

Portanto, você, como homem, está, dentro de certa hierarquia, acima dos anjos. Eles não são um ideal de

---

[2] Todas as citações bíblicas são tiradas do texto da tradução da Bíblia feita pelo Padre Antônio Pereira de Figueiredo. (N. T.)

aperfeiçoamento para o homem, mas para as coisas da natureza. Quiçá também para as mulheres, que se sentem tão ligadas pelo ser. Mas olho a nosso redor, para ver quem pode julgar um anjo. Ninguém. E, no entanto, isto não tem importância. O cristianismo lhe diz também o que você é, não apenas o que se tornou.

***

Bach, tocando com a mão direita uma fuga, ao cravo, ao mesmo tempo que com a mão esquerda mantém no meio Anna Magdalena. "Pode ser que esta seja a última coisa em que pense."

Em algum lugar, entre os coros de anjos, há uma brisa de ciúme.

***

Entre os animais – diz o Gênesis – não se encontrou nenhum ajudante para o homem. Por isso Deus faz dormir Adão e tira-lhe da costela a mulher.

Se se tivesse encontrado algo para colocar-lhe no lugar...

***

Tristeza de não ser pecador. Tristeza que compreende de vez em quando os anjos e quase sempre os homens medíocres. Começando pelo irmão do filho pródigo.

Guardo o provérbio: "Os pecados se apoiam nos homens, não nas toras". Expresso de maneira um tanto frustrante – mas, no fundo, isso é tudo.

***

"Veio até mim", narra-me um confessor, "e me pediu para perdoar-lhe um pecado:
 – Que fez?
 – Dei-me conta que *vou* pecar. Sinto que, nestes arredores que me esperam hoje mesmo, não posso não pecar. Venho para confessá-lo e para pedir absolvição.
 – Mas como posso dá-la a você?
 – Se eu tivesse vindo para dizer-lhe: "sou fraco, pequei", você me daria. Por que não me dá também quando lhe digo: "sou fraco, não posso não pecar?". É mais grave a expectativa do que o fato?
 – Pode ser que seja mais grave, porque é *a urdidura* do mal.
 – Mas todos os que urdem o mal e não tomam parte nele são mais culpados do que os que o cometem?
 – São em qualquer caso também culpados.
 – Existem então dois pecados: a urdidura do mal e o seu cometimento. Venho confessar o primeiro.
 – Não, não são dois. É o mesmo pecado. Não pode confessar o que está em curso de ser cometido.

— Mas é algo que se cometeu: porque tomei a decisão do pecado. Por que me é exigido que chegue até o seu cometimento?"

....

"E o que respondeu?", perguntei ao confessor.
"Ainda não respondi", diz-me ele.

***

Responde-nos Outrem. Responde-nos, a tudo o que perguntamos e não perguntamos, Outrem.

***

Há duas hipóteses: ou o irmão é confessor do filho ou o filho é confessor do irmão.
Mas não, comecei mal. É como se apresentasse na Escola um problema: O que vai dizer cada um? Assim morrem os problemas.

***

Levei um amigo para mostrar-lhe, na margem de Bucareste, o local da Escola, onde eu parara da outra vez. A saída da cidade, os casebres, a lama, tudo o indignou. "Não vê como é horrível?", diz-me ele. "Não, não tinha visto." A casa propriamente dita agradou-lhe mais. "Mas a paisagem é de planície, monótona."

Oh, esses homens que não veem senão uma beleza nas coisas. Mas a paisagem pode ser transfigurada. Um homem que *vive* uma experiência faz para si um espaço próprio, uma paisagem dele. "Não é apenas de planície", digo, "há morros, se olhar com boa vontade". – "Naturalmente", vem a réplica impiedosa, "para Dom Quixote, Dulcineia é uma bela mulher, e os moinhos de vento..."
De novo esses lugares-comuns! Mas tem razão: é válida a experiência de Dom Quixote, perfeitamente válida. Deve-se viver assim: com *seu* mundo.
Apenas que prefiro pensar – por que não?... o quê, cabe alguma comparação? – no outro espanhol, em El Greco, a quem seu amigo encontrava com as cortinas fechadas, em pleno dia, e que explicava: quero ver melhor as *minhas* cores.

***

Não, não se trata de um idealismo barato: criamos nós mesmos o mundo ao redor. Mas, para Deus, nem o mundo nos ensinará o que se deve fazer, quando se trata de nós e não dele. É até falto de sentido viver num cenário tão belo que seja válido por si mesmo. Quão pouco filosófico é o canto de Ermenonville, escolhido por Rousseau para a filosofia! "Não se podia fazer ali senão um templo – em que não oficiava ninguém. É melhor vivermos cada um em nossa medida, com lama, com casebres, e com a planície – mas com sinceridade. E, acima de tudo, sem rousseaunismo.

***

Aqueles santos curiosos, o mais possível expressivos, mas, no entanto, colocados no alto, nas colunas das catedrais, de tal modo que ninguém lhes vê a expressão. Mas eis que um dia cai uma coluna e então se vê que também eles eram meditados. Que generosidade comanda o sacrifício do artista, de criar sem mostrar? Que fé?

***

Os contemporâneos já não têm nada para testemunhar, para historiar. Por isso a arquitetura deles não tem densidade: generaliza, não especifica. Na ponte de Henrique IV, Pont-Neuf, em Paris, há máscaras na margem exterior, máscaras que normalmente ninguém vê. Mas as máscaras são diferentes umas das outras. Ao passo que na ponte Alexandre III, do século XIX, o molde das máscaras se repete de dois em dois ou de três em três.

***

Vitrúvio diz do arquiteto que tem de saber: escrever, desenhar, geometria, algo de ótica, cálculo, história, filosofia, um pouco de música, medicina, jurisprudência e astronomia.

Hoje não tem de saber senão arquitetura. Que pena!

***

Nessa França onde se fala tanto de amor, será que não falta amor?

***

Em que creem os homens que celebram ao mesmo tempo e oficialmente o aniversário da Revolução Francesa e o de Joana d'Arc? Naquela ou nesta? Não, eles já não optam. A tristeza da inteligência vazia consta no fato de já não poder optar.

***

Que era a razão, no tempo da Revolução Francesa, e que é hoje! Que era a liberdade no romantismo alemão e que é hoje? Em termos, não se contradizem; mas em espírito? Se também hoje e então se cria na razão, hoje a razão é uma simples razão, ou seja, um bom comportamento, ao passo que então era loucura (Razão com maiúscula). Hoje é uma força conservadora, então era uma em cujo nome se punham as coisas de cabeça para baixo. Os apologistas da razão usam apenas o dicionário revolucionário, e não também o conteúdo próprio da revolução de então. É verdade que lhes seria difícil louvar a loucura que assolou tanto. Mas *esta* loucura fez da razão um princípio criador de história. E então por que não deixar em paz a Revolução Francesa?

***

É curioso como, sob os regimes de liberdade, os homens caem sob uma tirania: a do lugar-comum. E me pergunto se não é mais triste do que qualquer outra.

***

O que é absurdo nos que procuram a simples liberdade para o bom desenvolvimento do homem é que imaginam saber o que é o homem; quando, de fato, o homem é algo que se define incessantemente. – Estou do lado daquele que *não* sabe. Ele tem a sorte de captar algo.

***

Um jovem virá à Escola para lamentar que ainda não sabe o bastante. Mas não sente ele toda a alegria de não ter ainda lido Goethe?
Ignorância, quanta vida há em si!

***

A mistura de conhecido e não conhecido que faz a literatura (o incidente que volta, a personagem que o reencontra, a novidade no familiar), que faz a música, a paisagem, o conhecimento. O sentido mágico da novidade, dizia alguém. Não, o sentido místico: a unidade e a alteridade ao mesmo tempo. (Por isso procure "o primeiro dia", o encontro com o homem novo que vem à Escola, com o homem *classificável* novo: o conhecido e o desconhecido estão, então, em equilíbrio.)

***

Agrada-me na Sorbonne a sala "Descartes". Na sala "das ideias claras e distintas", um afresco no muro inteiro do fundo mostra algumas ninfas saindo do vapor para a luz e a forma. São, parece, as ideias do poema "Aurora", de Valéry:

> *Quoi! C'est vous, mal déridées!*
> *Que fîtes-vous, cette nuit,*
> *Maîtresses de l' âme, Idées...*[3]

***

Não posso pensar na filosofia sem sentir uma queda, quase como na religião. Em algum lugar aconteceu o pecado. *E* na ordem do conhecimento existe um paraíso perdido. Pode ser que seja o mesmo mito aqui como lá, provando quão solidário é o espírito consigo

---

[3] Quê! Sois vós, pouco alegres! / Que fazeis esta noite, / Amantes da alma, Ideias... (N. T.)

mesmo. Pois eis que uma das principais certezas da filosofia nasce precisamente do fato de que o homem é um ser decaído e limitado. Deus, ser infinito, existe, diz Descartes, já que eu, ser finito, tenho uma ideia dele. Como a teria de outro modo em mim, partindo de minha finitude? Mas os filósofos discutem normalmente o valor desse argumento. Quando deveriam ver o sentido dessa *orientação*.

***

Todos os mitos dependem, quiçá, do mito da queda. Pois se não houvesse um ser caído, o homem não teria necessidade de mitos.

***

1939. Em Villerville, numa aldeia do norte da França, escuto na Sexta-Feira Santa uma prédica. Quão humano é algumas vezes entre os católicos! O pregador queria fazer sensível o sofrimento do Salvador, e então recorre à psicologia humana. "Imaginai – diz ele às mães na igreja – quão dilacerante deve ter sido o sofrimento da Mãe de Deus perto da Cruz!..."

E sinto que não se trata *disso* na religião; que não se pode entender Deus, humanizando-o de novo, humanizando-lhe o drama de novo. Todo o Ocidente, no fundo, emprega essa linguagem. A prédica deles, a filosofia deles, encarna pela segunda vez a Deus. Mas quem começa com a psicologia humana nela permanece. (E então se entende o que disse Rousseau: *Je me fis catholique, mais je demeurai toujours chrétien.*[4])

Sei, nós no Oriente não temos algumas vezes nem isso. Mas temos esta verdade, de que eles se esquecem cada vez mais: que Jesus desceu uma única vez.

***

"Eu sou o que sou", diz Deus a Moisés (Êxodo 3,14). Não lhe diz: "Eu sou o que *é*". Mesmo quando o envia a outros, Deus ensina Moisés a dizer de "aquele que se chama Eu sou me enviou a vós". Como soa curioso: "Eu sou me enviou a vós"!

Porque Deus não *é*. Apenas nós sabemos que é este "*é*". Ser. Em alguns casos privilegiados, na filosofia, conhecemos "*és*", ser subjetivizado. Na comunidade conhecemos "somos" ou "sois". Apenas Deus conhece "Eu sou"; para não haver mais necessidade de és, é, somos...

***

Uma escola em que também o professor não aprende é uma absurdidade. Creio que descobri um lema para

---

[4] Fiz-me católico, mas permanecerei sempre cristão. (N. T.)

minha Escola. Trata-se deste lema extraordinário de Léon Bloy: *Não se sabe quem dá e quem recebe.*

***

Esquisitos são esses homens que querem da filosofia a verdade. Verdades, sim, mas a verdade? A verdade é o resultado do pensamento lógico, assim como as boas ações são o resultado da vida moral. Mas do mesmo modo que você não põe a ênfase nas boas ações, e não prefere os fatos ao ato, igualmente não pode preferir a verdade à vida do espírito. Todos os heréticos fazem ações melhores do que os ortodoxos, no entanto, são heréticos. Todos os dogmáticos têm verdades mais do que os filósofos, mas não têm filosofia, porque não têm vida.

De onde vem a ideia de que a filosofia lhe ensina a verdade? Ensina-lhe a pensar – não a verdade. Dá a *direção* da verdade. De acordo com Kant: para saber qual é a verdade de uma coisa, você tem de ter acordo com ela. Portanto, qualquer verdade é acerca de algo; qualquer verdade é material. Que pode significar a verdade, assim formal? Existem realidades, não realidade. Existem verdades, não verdade.

Aliás, a definição de verdade – *adaequatio rei et intellectus*[5] – é da Idade Média, de um certo Isaac, à qual

---

[5] Adequação da coisa e do intelecto. (N. T.)

apanha e concede direitos de cidadania Tomás de Aquino. A Antiguidade não se ralou muito com a verdade. O ideal era então a contemplação, a intelecção, ou, para outros (Aristóteles), o reencontro do ser. Na Escolástica, o ideal era o reencontro, por outras vias, de uma verdade dada antes. Mas a verdade não conhecida e com maiúscula é uma invenção moderna.

Naturalmente que existe uma verdade – a exatidão; mas nela tropeça um dia o nosso Maiorescu, citando este verso popular:

Aşterne-te drumului
ca şi iarba câmpului
la suflarea vântului.[6]

Pois, dizia ele, o verso lhe dá verdadeiramente a emoção de um "balouçar no infinito", mas contém um erro de rima. – Como se a rima servisse para algo mais do que lhe dar o mesmo balouçar no infinito! Mas se a rima não é exata e, no entanto, há o balouçar no infinito, eis a exatidão, eis a verdade dada, pela vergonha.

(Mas esperemos que não nos ouçam os professores.)

***

---

[6] Dobra-te ao caminho / assim como a erva do campo / ao soprar do vento. (N. T.)

Isso para não mais se falar do frívolo Goethe: Tudo o que me enriquece é *verdadeiro*.

***

"A filosofia fala de coisas; mas o professor fala de ideias", dizia um professor de filosofia do Ocidente. Eis um professor que conhece o seu ofício!

***

Platão – diziam – perdeu tempo ao lado do tirano da Sicília, procurando inutilmente criar um governo de acordo com os princípios filosóficos. Como se um filósofo tivesse necessariamente de ter sucesso! Tem de aprender.

***

Boissier mostrou que a filosofia governou certa vez o mundo: são aqueles cinco anos de primeiro ministério de Sêneca, sob Nero. Ainda querem filósofos?

***

Não existem senão duas grandes filosofias: a filosofia grega e a filosofia do idealismo alemão; a filosofia do ser e a filosofia do espírito. Mas o que é interessante é que ambas nasceram na margem do devir. Recusando o devir, a filosofia grega encontrou o ser. Integrando-o, a alemã encontrou o espírito. Quiçá o primeiro e último problema da filosofia seja: correnteza, perda, vida.

***

Para Stendhal, um romance "é um espelho que anda pela rua". Pode ser assim para um romance, mas não é para uma filosofia. Penso, até, em um mito à maneira de Wilde, o mito do espelho:

"Quão belo é o mundo, disse, certo dia, com seus botões o espírito. Vou fazer-me cada vez mais impessoal, vou dissolver-me e estender-me como água límpida e calma, vou ser apenas expectação; precisamente como um espelho, e as pessoas vão refletir-se em mim assim como são."

Desde esse dia o espírito já não viu nada.

***

Nosso desgaste extraordinário, nosso e dos nossos professores de todas as espécies, de nos tornarmos impessoais, para vermos cada vez mais; na realidade, para terminarmos na cegueira.

***

O erro de Narciso não é o de ocupar-se consigo. É o de ocupar-se de certa maneira consigo. O narcisismo é uma maldição apenas para os que, vendo, querem fixar a própria imagem; para permanecerem nela mesma, porque são perfeitos.

O erro de Narciso é o de ser perfeito. É sua única imperfeição.

(Será que plagio Gide?)

***

Por que é inconcebível um Narciso feminino? A mulher, no entanto, mira-se muitíssimo no espelho. Mas provavelmente para ver ali um outro – que olha para ela.

***

Apenas as mulheres sabem amar. Heloísa e Abelardo se separaram faz muitos anos. Cada um dirige, como abade, um mosteiro, e para todos os outros eles levam uma vida conforme a palavra cristã. Mas quando Abelardo escreve a Heloísa que faz muito tempo que já não a ama senão em Cristo, ela responde: *Dieu le sait... que c'est à vous, bien plus qu'à Lui que je désire plaire.*[7] Depois de dizer isso, para além de qualquer comentário: *Je pleure non pas les fautes que j'ai commises, mais celles que je ne commets plus.*[8]

***

---

[7] Deus o sabe... que é ao senhor, mais do que a Ele, que desejo agradar. (N. T.)
[8] Choro não pelos erros que cometi, mas pelos que já não cometo. (N. T.)

O papel mais belo que se pode fazer na vida de alguns homens é o de suprimir um outro que fez um papel. Você não existe, naturalmente. É esquecido. Mas arrasta em sua queda a um outro.

***

O livro que você espera escrever. Estar sob o domínio de uma única coisa, de um único sentido. Fazer todos os outros gestos da vida, que eles não sejam outra coisa... Assim deve ser quando está apaixonado.

***

Há algo deprimente no verbo grego: αγαπαω (*agapao*), amar. Significa não apenas amar, mas também contentar-se com, resignar-se. Da felicidade do amor você passa insensivelmente à tristeza da resignação. (Quiçá porque os gregos viam tudo no limite, e até mesmo amar não era para eles uma perda.)

E me enraiveço que os filólogos se alegrem. Que lhes interessa a eles outra coisa, senão a falsificação dos sentidos? São "livres". Mas em algum tempo pagarão por isso.

***

Quando falam da vida instintual, as mulheres pensam num único instinto. Elas não podem ver mais do que isso. Não lhes é permitido. Não vivem a vida: perpetuam-na apenas.

***

Conheço um instinto ainda mais forte do que o da conservação: o instinto de "ter razão". Os homens lutam, gastam-se e caem por um: "Vê? Não lhe disse?". Tenho um amigo que há quinze anos diz: "virá o desastre". E, naturalmente, nesse ínterim não pode fazer quase nada. Mas quando o desastre vier, alegrar-se-á por ter tido razão; esquecendo que, nesse ínterim, perdeu um quarto da vida por um quarto de verdade.

O que é encantador, definitivamente, é que todos temos razão. Ninguém vai poder ser desmentido nunca. E o que fizer para si este epitáfio: "Aqui jaz alguém que não teve razão" vai humilhar-se de muito orgulho, mas não vai dizer uma verdade.

***

3 de setembro de 1939, Paris. Optar – entre quem e quem, entre quê e quê? Tomo partido do vencido.

***

Quando nasceram as nações? Da Torre de Babel: "O Senhor (...) disse: Eis aqui um povo, que não tem senão uma mesma linguagem; e uma vez que eles começaram esta obra, não hão de desistir do seu intento, a menos que o não tenham de todo executado. Vinde, pois, desçamos, e ponhamos nas suas línguas tal confusão, que eles se não entendam uns aos outros".[9] Será que Deus teme a unidade do mundo?

***

Todo mundo entrevê algo no caos de hoje. Apenas o historiador não entende. Refugia-se no passado, porque tem medo do presente. Tantas histórias que poderiam existir, em lugar de uma única com que ele está acostumado!

***

É incompreensível como algumas pessoas possam enxergar uma simples moral na concepção bíblica.

Deus escolhe. Por quê? Porque lhe praz assim.

Jacó obtém a herança de seu velho pai, quase cego, Isaac, colocando-se, pelo embuste, em lugar de seu irmão mais velho, Esaú. Jacó engana o sogro, Labão, fazendo aquele jogo dos cordeiros malhados. Jacó, escondido, foge de Labão, com as duas filhas deste. Mas Deus está com ele. Está com ele e com toda a sua nação.

---

[9] Gênesis 11,5-7. (N. T.)

A primeira figura moral, ou ao menos com senso de direito, é talvez Moisés. Aquele Moisés que intervém pelos injustiçados, na luta entre dois hebreus; que mata um egípcio porque este batia num hebreu; que retira água para as filhas do sacerdote de Maidã, pelo quê os pastores o expulsam da fonte. Mas não é por esses fatos que ele é recompensado.

"Eu me compadeço de quem quiser, e usarei de clemência com quem for do meu agrado usá-la."[10] Por mais que os protestantes tenham estragado o entendimento dessa frase, ela permanece.

Não, o cristianismo não é uma simples moral. Não é assim nem no Novo Testamento. É bastante que se lembre do filho pródigo e de seu irmão moralista, para aceitar o que é o cristianismo: amor.

***

Acerca da inveja criadora. Acerca do egoísmo (que não é imoral, foi dito contra Kant) fecundo. Acerca de toda a podridão moral que sustém a pureza moral.

Como um corpo de adolescente, corpo cheio de aroma de saúde, composição de tantos aromas impuros, que apenas a decomposição lhes desvela o valor. É impuro o que é parcial (Rilke), tudo o que quebra certo equilíbrio; tudo o que está em estado livre químico.

---

[10] Êxodo 33,19. (N. T.)

A vida moral, à medida que é vida, fecha também ela o todo; funda-se no todo. Mas o bom sucesso dela não é de eliminar; é de equilíbrio. Os imaculados têm todos os instintos nossos. A felicidade deles é de ter algo a mais.

***

Diz o filho pródigo:
"Agradeço a ti, Senhor, porque me deste o gosto da volúpia, a sede de orgulho, a inveja e a hipocrisia, e o ódio. Com eles ninguém é grande. Mas, sem eles, ninguém é vivo."
O irmão do filho pródigo aqui volta a cabeça, com desgosto.

***

Quantas vidas válidas não se sustêm por qualidades menores, ou até por defeitos: teimosia, ambição, orgulho. Tudo é bom, até a coisa culpada, com a condição de não demorar nela; tudo é mau, mesmo a coisa boa, se você se demora. O essencial é ser levado mais adiante, assentar-se na corrente. Tudo é ruim se você se afasta dela.

"A escola é boa", dizia Nae Ionescu, "com a condição de não a levar a sério". Você deve voltar as costas para as coisas, sair, abandonar as amigas, uma a uma, de medo que a felicidade o vença. Os romanos, dizia Montesquieu, temiam mais o repouso do que o inimigo.

***

Coisa exasperante encontrar na rua um homem que ri. Por que ri? A alegria é dele, é tão dele, que o separa dos outros. Mas se encontra um homem que sofre, sofre também você. O sofrimento une. (Curiosa coisa que a tristeza, e não a alegria, essa estéril, é colocada no Ocidente entre "os pecados capitais".)

A alegria é o equivalente, no plano moral, da verdade: é fixação, separação. Querem um mundo em pedaços? Alegrem-se.

***

Berlim, 1941. Ouço *Meistersinger*[11] nas melhores condições: com Herbert von Karajan, maestro, com Marie Müller, entre os intérpretes; uma música excelente, mas, no entanto, não há emoção. Por quê?

Trata-se, ali, de escola. E não se podem exprimir as coisas profundas acerca da escola. Acerca do amor e da morte, sim. Acerca do cristianismo ou dos deuses germânicos, sim. *Tristão* ou *Parsifal*; até mesmo *Tannhäuser*; e principalmente a *Tetralogia*. Mas *Meistersinger*...

***

Quando penso nos professores, penso na ciência árida do direito (acerca do qual, naturalmente, não sei quase

---

[11] *Os Mestres Cantores de Nuremberg*, de Richard Wagner. (N. T.)

nada). E não se pode perdoar a Kant que tenha permanecido, em última instância, apenas o grande professor de direito da filosofia. Ao passo que um jovem como Novalis podia dizer acerca de si mesmo: *Ich bin ein ganz unjuristischer Mensch, ohne Sinn und Bedürfnis für Recht.*[12] Abrindo uma *outra* via para a vida espiritual.

***

Ouvi Heidegger uma hora num intervalo de dois anos. Falava a mesma coisa; ou coisas que não podia não ter dito desde a primeira lição. Perguntei aos que o tinham ouvido mais vezes: não, não se repete, para eles. Ele pensava, não sei como, numa espiral descendente. Não apenas linear e progressivamente se pensa de maneira válida. Pode ser que não seja nunca linear, mas em espiral, à maneira de broca, como um ato de sondagem. Você sabe desde o começo uma coisa, e a diz muitas vezes, di-la incessantemente sob outra forma – até que fale sozinha.

***

A filosofia como dom-juanismo. Ao lado dela, os homens de especialidade levam apenas uma vida de casamentos burgueses.

---

[12] Sou um homem nada jurista, sem significado e necessidade para o direito. (N. T.)

O essencial é conquistar. Não aceitar. Não saber.

***

O ato de conhecimento não é a redução ao conhecido, ato de assimilação: comer – assim como querem os filósofos gordos, encabeçados pelo tomistas e por meu amigo V. É ato de estranhamento, de perda, como o ato amoroso. É risco. Não é as-*simil*-ar, mas é *alter*-ar. Você se desvitaliza, dando vida. Mas não é qualquer um que pode procriar.

***

Como lê e como é estéril o irmão do filho pródigo.

***

"Como, justamente você?". Uma das admirações do homem de bom-senso é ver que a filosofia não o faz idealista (no sentido ruim, estéril); não o faz condenar em bloco o mal, o horrível. Ao contrário, entendê-los algumas vezes. Como, justamente você?

Natural, justamente ele. Porque o homem com perspectiva filosófica procura ver o inteiro; e então vê como se mantém a face sombria com a face luminosa das coisas.

"Os que confirmam são mais de crer do que os que negam", está escrito no código de Vasile Lupu.

***

O homem ruim faz muito mais bem do que o homem bom. Porque o homem ruim tem necessidade de ações. O homem bom *é* bom e, esperando agir naturalmente, esquece-se da ação. Porque a ação esconde, frequentemente, mas ele não tem nada que esconder.

***

O poder de agir que você tem quando sua má ação não vingou. Vê, diz à sua consciência sombria, sou amaldiçoado a ser bom. Mas você não é bom – e por isso age.

***

"Se importa que algum se glorie de alguma coisa: eu me gloriarei nas coisas que são da minha fraqueza."

(Paulo, 2 Coríntios 11,30)

***

De resto, não sabemos o que é um homem bom e um homem mau, inteligente e tolo, como não sabemos o que é uma mulher bonita. Apenas a inteligência, que é plena de maldade, se é livre e não serve a nada, quer ver claro. Apenas ela categoriza e, naturalmente, critica. Mas a vida é dosagem. Você é inteligente de vez em quando, ou é mais inteligente hoje do que ontem; mas uma mulher bonita, a quem o encontro com alguém não faz *mais* bonita, é uma das mais tristes realizações da biologia.

***

Ninguém pensou em abrir um instituto de embelezamento pelas coisas da alma. Porque de dentro para fora vem a beleza. Pensem como são horríveis frequentemente as mulheres, crispadas como estão sob a necessidade de serem belas. Mas deem-lhes serenidade e domínio, e verão como os rostos se distendem, como eliminam as toxinas e como reconquistam a beleza, a única beleza que lhes é dada: de pessoas vivas.

Se tiver uma colaboração na Escola, posso fazer um anexo para o Instituto de Embelezamento.

***

Depois de meia hora de conversa, qualquer mulher da sociedade tira da bolsa uma caixa de pó de arroz, para refazer-se. Reconheço a essência da feminilidade num gesto como esse. Mas também tudo o que é absurdo na essência da feminilidade. Porque a mulher pensa refazer-se assim como foi. Ela não se dá conta de que passou certo tempo, em que aconteceu algo; que entrou também ela num processo de devir; que, em seu rosto, tem-se de ler os passos desse devir. Ela não admite passar pelo rosto dela a sombra de uma ideia que teria sido enunciada, ou inscrever-se em algum lugar uma ruga de uma verdade. Não, ela quer voltar ao rosto de diante do espelho, à máscara adotada certa vez para sempre. O que importa a ela falsificar assim todo um devir? Ela quer permanecer a mesma.

Num mundo em que o todo devém, ela crê que pode permanecer a mesma.

***

Uma mamãe me diz algo perturbador: o único reconhecimento que peço a meus filhos, por tudo o que fiz, é que façam o mesmo e assim continuem.

E assim continuem... Uma verdadeira ética do devir. A outra ética mantém o mundo no lugar. Se o irmão do filho pródigo tem filhos, com segurança lhes pede reconhecimento. É o tipo de homem que mantém o mundo no lugar.

***

Este pensamento dito a alguém que espera um filho: "Cada um sente que cresce a sua família".

Ser parente de pessoas. Ter tanta humanidade em si que o reconheçam todos os homens.

***

Um jovem a quem você não pode perdoar nenhuma incerteza é uma derrota sua. Se existe uma medicina das almas, o sentido dela é colocado de cabeça para baixo, diante da medicina costumeira: é de adoecer.

***

Amo nos gregos o fato de irem até o fim. O que fez possível a filosofia grega foi o excesso. Esses homens (das praças da cidade, não da natureza plácida!) não tiveram bom-senso. Porque o bom-senso os impediria de dizer que o todo passa ou que nada se move.

A liberdade de ser absurdo está na origem da filosofia. Pode ser que a medida, a sabedoria, "o miorítico"[13] – no sentido não filosófico – nos tenham impedido a nós, romenos, de ter uma grande filosofia.

***

Esses homens entre nós são sábios em matéria de pensamento – onde é necessária alguma loucura – e são loucos na vida. O juízo deles, que chamo também romeno, é isso. Resignação, serenidade, conciliação, na filosofia. E do outro lado? O caos.

***

Alguém lê para mim, para triunfar, o dito conhecido de Espinosa: a superioridade da verdade sobre os erros

---

[13] O universo emocional e a maneira de ser ligados a um povo de pastores de ovelhas romenos. (N. T.)

é que sabe tanto de si quanto dos erros, ao passo que os erros não sabem senão de si. É verdade, quando você conhece algo como verdadeiro, sabe também o que é falso. Mas isso apenas em matéria de conhecimento; porque em matéria de vida acontece o inverso: a verdade é dogmática e fechada, ao passo que a experiência dos erros guarda em si a riqueza própria e a da verdade. Um homem que erra sabe quais são aquelas duas faces da vida. Ao passo que o irmão do filho pródigo não conhece senão uma.

Para que tem mais necessidade de outra, se esta é boa? Mas não é a boa, justamente porque prescinde da outra; porque se *dá conta* de que pode prescindir de outra.

***

A preferência de Johann Sebastian Bach por seu filho Friedemann, o pródigo.

***

Acendo depois do jantar um cachimbo, em casa de uns amigos aonde sou convidado, e como, por acaso, é um fumo bom, uma senhora a quem conhecera então me pede para ver que gosto tem. Ofereço-lhe o cachimbo; a senhora limpa um pouco a ponta com um guardanapo de papel e começa a fumar. Tudo acontece de maneira simples; ninguém se admira, ninguém se escandaliza. Estamos em 1943. Não em 1903.

E sinto que se ergue subitamente, diante de nós, como uma onda: a história.

"A senhora entende?", penso em dizer-lhe. "Tiveram de passar quarenta anos, duas guerras mundiais e algumas revoluções, abdicarem quatro imperadores e nove reis, escreverem-se 202 novos tratados de ética e aparecer a 14ª edição da *Enciclopédia Britânica*, para que na noite de hoje a senhora pedisse, quase com indiferença, algo que lhe dou com simplicidade, diante da indiferença geral. É aquela *história* que não sabem escrever nossos amigos. E estremeça-se, dona: a senhora a despertou do sono."

Mas não lhe digo isso. Temo que me devolvesse o cachimbo – e está bem com ele.

***

Sem dinheiro, tiro de uma gaveta ações de não sei que empréstimo de Estado e me dirijo a uma agência de bolsa. "– Têm alguma cotação estes papéis? – Se o senhor tivesse vindo ontem, a cotação era de tanto; hoje a cotação é de tanto." Sou tentado a perguntar: "E amanhã?"

Que mistério também essa bolsa do homem!

Desafio a quem disser que entende verdadeiramente do que se trata.

– O senhor as vende? – interrompe-me outra pessoa.

– Naturalmente.

E ao tempo em que me conta o dinheiro, lembro-me do coro de Sófocles: "O universo está cheio de maravilhas; mas nada é mais maravilhoso do que o homem..."

***

Pode não ser "verdadeira" (Deus e os professores o sabem), mas é muito sugestiva a distinção de Keyserling entre um Medo originário e uma Fome originária. Por toda a parte os encontra. Existe uma economia de medo e uma de fome. Existem indivíduos e classes que estão sob o signo do medo, ou sob o da fome. E mesmo as nações estão assim.

Eis, por exemplo, o filho pródigo: a própria fome. O irmão? Naturalmente, medo. Eis as mulheres, a mulher pura e simplesmente, que é apenas medo. Tem uma moral fechada: sonha com o lar, com a segurança, o paraíso atingido, mas quando tem família eleva-se até uma moral, mas não é senão a da família ("assim é meu marido sábio, porque se tivesse pensado em... teria..."). Eis o primogênito, com essa psicologia de homem conservador, timorato, prudente; diante dos outros, aventureiros. Ou, em outro plano, a razão que derruba, do século XVIII – a fome, diante da razão conservadora de hoje – medo. Também o instinto tem que ver a fome, a inteligência do medo.

E eis agora as nações. Não lutam hoje, não lutaram sempre os povos do medo com os povos da fome?

E agradeça a Deus quando a sua nação não está entre as primeiras.

***

No fundo, todas essas coisas poderiam ser ditas – mas assim, concretamente, ao acaso – na Escola. Podê-las-ia dizer um ou outro. E no fim é tudo o que você *não* tem para dizer – que se pronuncia ainda ali.

***

Dado que falo tão livre sobre a Escola, um amigo, homem da lei, veio a perguntar-me, preocupado: "Mas a escola do senhor tem autorização para funcionar?". Fiquei pensando. Não sabia que você pode *fazer amizade* com as pessoas apenas passando pela câmara 7, escada 2ª B, do tribunal. Espero não esquecer nem mesmo um selo.

***

Que estúpido: você está há dez minutos no gabinete, compõe para si uma máscara, entra na sala de curso, dá uma preleção e volta. Assim morrem as verdades: quando não se podem mais pronunciar ao acaso.

***

Que fazem esses professores? Veiculam ideias. Huxley descrevia certa vez a civilização como aquele vapor com batatas, que se carrega numa parte do globo para ser descarregado noutra. Assim é também a cultura: você tira daqui e descarrega ali. É muito vantajoso, naturalmente. Mas é o que é *a civilização* na cultura. A única escola válida, a única escola criadora de cultura é a em que o próprio professor faz provas.

***

Entendo concretamente – o que não é evidente para os psicólogos e os filósofos – que o pensamento precede a palavra. A criança de um ano vê um senhor e diz: "papai". Nós, homens grandes, a corrigimos: "não é papai". Mas ela nem queria dizer que é papai, mas que é *como* papai: seu senhor alto, ou de óculos. E nos voltam as costas, porque não somos homens sérios, porque descobriram a palavra para não mais se entenderem entre si.

***

Tudo o que existe quer persistir. Uma língua, por exemplo, é como um ser vivo, que cria uma verdadeira hoste, que se defende ou ataca. Cria para si diversos literatos, como um pavão cria para si diversas cores, para conquistar. O mundo quer uma vitória espiritual? A língua cria para si Joana d'Arc (que não fala *latim* com os anjos dela). Quer poesia? Eis Racine. Quer política? Eis os diplomatas que querem fazer todo o globo falar francês.

E quanto resiste a língua? Quanto pode inventar. No dia em que o mundo quiser mentes que entendam, ou seja, os filósofos, e ela não lhes der senão mentes que se recusam a entender, ou seja, céticos, a língua pede um armistício.

***

"Somos diante de Deus o bom cheiro de Cristo (...) de vida para vida."[14]

Que extraordinário escritor o apóstolo Paulo. Procuro imaginá-lo *sem* o cristianismo. Teria sido um dos "maiores autores profanos", a quem teriam citado com volúpia Montaigne, Voltaire e Anatole France.

***

Inquieta-me um dito de Claudel de *Le Soulier de Satin*:[15] Quem serviu mais aos doentes de malária: o médico devotado, que esteve à cabeceira deles, ou aquele preguiçoso que descobriu o quinino?

Que bônus de encorajamento para o Filho Pródigo!

A volúpia se esquece de refazer-se. Daí é possível de novo. Daí não tem de não fazer-se nunca possível. Se não resiste nem em memória, que preço tem uma coisa?

***

---

[14] 2 Coríntios 2,15-16. (N. T.)
[15] O Sapato de Cetim. (N. T.)

Existe uma hora, uma única, na vida de uma sociedade, quando, sob o fardo de uma grande tentação e tristeza, ninguém mais pode alegrar-se com nada. Aparece, então, sereno, o irmão do Filho Pródigo, para levar a parte dele da vida.

***

Assim Abel como Caim levam sacrifício. Mas para o sacrifício de Abel, Deus olha com prazer, mas para o sacrifício de Caim, não.

Por quê? Você tem vontade de dizer: "mas não tinha feito nada, pobrezinho". E especialmente por isso Caim mata Abel: porque o sacrifício deste era recebido; mas o dele, não. Queria Deus colocar em tentação, mais tarde, a Abraão? Mas por que não colocou em tentação também a Abel?

"Eu me compadeço de quem quiser..."

***

Quando Deus dá a Moisés aquela grande obrigação diante de sua nação (como falou bonito nosso Miron Costin acerca de Moisés: "teve apenas a Deus como professor, face a face"), este se lamenta que é tartamudo. Deus lhe responde que peça ajuda a seu irmão eloquente, Aarão.

Os homens têm necessidade também de um rétor! Moisés transmite a palavra de Deus, faz milagres, leva até

Canaã o povo eleito. E, no entanto, as pessoas têm necessidade de um rétor.

***

Que luta extraordinária entre Moisés e o faraó. Que diálogo! Moisés dirige-se ao faraó para transmitir-lhe o pedido de Deus de sair do Egito com seu povo. O faraó os persegue ainda mais. Moisés faz milagres com a vara; o faraó chama os seus mágicos, que também fazem milagres. Moisés transforma água em sangue, traz para o Egito rãs, mosquitos, gafanhotos, sangue, pedra e fogo; os animais morrem e até os mágicos têm úlceras. Mas o faraó tem o coração obdurado. Deus o endureceu, para fazer seus sinais, "para se multiplicarem os milagres dele". E quando nem a escuridão em pleno dia persuade o faraó, Deus manda a morte aos primogênitos, dos animais e dos homens, entre os egípcios. Somente assim se permite a saída dos filhos de Israel.

Quantos milagres, para que aquele povo saísse pelo caminho sem volta!

Povo escolhido? O senhor diz continuamente: Se observardes o pacto que fiz convosco, eu vos tomarei por meu povo particular.[16] Se tu ouvires a minha voz e fizeres tudo o que eu te digo, eu serei inimigo dos teus inimigos.[17]

---

[16] Êxodo 19,5. (N. T.)
[17] Êxodo 23,22. (N. T.)

"Eu vejo que esse povo é de cerviz dura." (Êxodo 32,9)

***

Consolação dos governantes de Estado: quanto murmuraram os hebreus contra Moisés. Quando os egípcios vão atrás dele e estão perto, os hebreus se assustam: "Melhor era servi-los a eles (no Egito), do que morrermos no deserto".[18] Alma de escravo das populaças.

***

A confiança num homem, por exemplo, num homem que governa, é um ato de amor. Os espíritos democráticos querem ato de razão. Entre uma doação (*creio* em algo), entre um engajamento diante da comunidade, eles querem atos de juízo e cálculo. Prefeririam ao casamento por amor o casamento pela razão.

Também eu estou convencido de que, na maioria deles, saem-se melhor os casamentos por cálculo. Mas não posso impedir-me de advogar os casamentos por amor.

***

Não pode ser contra a democracia senão aquele que crê em Deus. Pois apenas assim você pode explicar por que os homens não são iguais por natureza (e, em consequência,

---

[18] Êxodo 14,12. (N. T.)

porque não podem tornar a ser iguais pela educação, eugenia ou outras coisas). Deus, que fez os anjos tão individuais, que parece que cada um pertence a uma espécie, não poderia fazer de nós apenas espécie.

***

O meu amigo se agasta porque não discuto – o que ele chama "de lógico". Mas não discuto para provar, mas para, eventualmente, descobrir algo. Esses homens, novamente, querem a razão exata ali onde não deve. A vida, eles a vivem ao acaso: são prisioneiros dos amigos de ocasião, das profissões ditadas por outros, dos tempos e dos acasos. Palavra de Sócrates: "Sabem quantas ovelhas têm, mas não sabem exatamente quais são seus amigos". Na sua totalidade, a vida deles não tem nenhum desenvolvimento racional e não significa nenhuma realização. Mas quando fazem uma excursão ou jogam roleta, quanta razão não põem no jogo? Em tudo o que é pequena aventura da vida, eles estragam, pelo cálculo, o milagre e a surpresa. Quando discutem – e que bela coisa é a discussão, se você está vivo, se não fala o que pensou em casa, mas deixa-se levar pela tentação do momento, se arrisca – eles são "lógicos". São perfeitamente lógicos numa discussão comigo e com você, mas no diálogo com os Sentidos e com a Vida não têm nem ao menos uma réplica.

***

Creio que encontrei para mim um enquadramento na sociedade: ser incômodo. Não é fácil, sei bem. Você tem de terminar por ser alguém, para que as pessoas tropecem em você. Mas quando consegue, como é agradável.
Não deixar as pessoas em paz. Pelo simples fato de que você é algo, que sabe algo, que pode algo, incomodar e obrigar. É toda a função social do crítico aqui, sem as platitudes e as solenidades do crítico.

Estou seguro de que vou receber na Escola o seguinte telegrama: "Peço reservem um lugar curso de verão digam sobre o que devo preparar A. I. estudante filologia clássica Craiova". (Naquele tempo vai haver, de acordo com o pedido de toda a Oltênia, a Universidade de Craiova. N. R.)

Vamos reunir-nos, os que nos encontrarmos ali, para responder. Depois, vamos redigir um telegrama mais ou menos nestes termos: "O conselho professoral aprovou unanimemente o pedido do senhor. Recomenda o estudo atento da tábua de logaritmos e dos regulamentos escolares em vigor".

***

Procuro ver o que se deve tentar na Escola: pensar – como se diz – vivo. Mas que significa pensar vivo?

Creio que duas coisas: 1) Proceder por *inteirezas*, não por partes; em algo orgânico, não do simples para o composto; em caso nenhum falsamente cartesiano (porque nem Descartes pensou assim), geométrica e sistematicamente. 2) Deixar as inteirezas resultar do *elemento infinitesimal*; pensar então, até um ponto, intuitivo: vendo – não fazendo, construindo.

Para o último ponto, Aristóteles – única vez em que me atrai – tem um exemplo sugestivo. Imaginem uma hoste, diz ele; uma hoste colocada em fuga desordenadamente. Num dado momento (isto é tudo: "num dado momento") um soldado para. Ao redor dele param outros quatro, cinco. Depois, ao redor do núcleo formado por eles se reúnem também outros, e eis, de repente, toda a hoste voltando-se contra o inimigo e pronta para retomar de novo a luta.

Isto significa "vivo": um único, o elemento infinitesimal pode coagular o resto. Um único indivíduo vertebra o todo. Você não sobe matemática e gradativamente, do simples ao composto, mas sobe, sem composição, do simples ao inteiro. É o paradoxo da vida, mas é o paradoxo de qualquer vida.

E penso numa conclusão esquisita: um coletivismo verdadeiro é mais individualista do que o que se diz assim. Ou o inverso: um verdadeiro individualismo deveria ser coletivista. Pois apenas este último, o que detém o inteiro, sabe o preço verdadeiro das partes. Na hoste de Aristóteles, o soldado significa algo, pode algo. Que pode ele para além?

Ainda um dos escândalos da vida, na história e para além da história.

***

Perturbador este dito de Simmel: "a vida como totalidade de cada momento". Assim a vejo agora; assim é. Em cada hora você sente que é um inteiro. Tem buracos, naturalmente, mas os conhece, então os preencheu de algum modo. É um ser pleno.

Mas lê um livro: como podia viver até aqui sem os pensamentos dele? Faz uma nova amizade: como podia crer-se inteiro sem ela? Apenas agora sente o vazio verdadeiro, o vazio que deveria ter sentido. Mas agora é "inteiro".

A totalidade de cada momento. Vivemos ao lado uns dos outros, a totalidade perto da totalidade, num mundo que não totaliza, mas que *se* totaliza, quase, em nós.

***

Ficamos face a face, tensos, com olhos fixos um no outro, puxados quase por este fio estendido que nos liga os olhares, ele, cão, e eu, homem. Sentia que ele tinha medo de mim e eu não podia evitar ter medo dele. Nenhum se mexe, para não romper certo equilíbrio criado. Algo obscuro, algo originário nos ligava em tamanha unidade, que eu sentia que somos – ele, cão e eu, homem – faces do mesmo ato existencial.

Berdiaev tem razão: o homem pode ter relações *metafísicas* com os cães.

***

A solidão absoluta? Concebo-a algumas vezes assim: num trem, num corredor apinhado, sentado na mala. Você está, então, longe não apenas de qualquer homem, mas principalmente dos que o impedem de se mexer; mas está longe também de qualquer ponto fixo no espaço. Está em algum lugar, entre uma estação e outra, rompido de algo, a caminho de algo, arrancado do tempo, arrancado do sentido, levado pelo trem, levando depois de si outro trem, com homens, situações, mercadorias, ideias, uma após outra, nos vagões que deixa nas estações, que perde entre estações, que esquece nos espaços, saindo pessoas, correndo por cima de pessoas, sozinho, mais sozinho, nenhures tão só.

> Está em algum lugar, entre uma estação e outra,
> rompido de algo,
> a caminho de algo,
> arrancado do tempo,
> arrancado do sentido,
> levado pelo trem,
> levando depois de si outro trem,
> com homens, situações, mercadorias, ideias,
> uma após outra,

nos vagões que deixa nas estações,
que perde entre estações,
que esquece nos espaços,
saindo pessoas,
correndo por cima de pessoas,
sozinho,
mais sozinho,
nenhures tão só.

***

Agradam-me as curvas das estradas de ferro. São suficientemente inclinadas para que um trem, em velocidade, não caia para fora, mas suficientemente pouco inclinadas para que um trem sem velocidade não caia para dentro. Coexistências dos contrários.
Sabem alguma coisa os engenheiros. Mas muito mais sabe a vida.

***

A academia é a escola de Platão. O liceu é a de Aristóteles. Perfeito. A filosofia de tipo alto de uma parte, a filosofia de ginásio, da outra. A história é justa.

***

Domina-nos uma imagem absurda de certo espírito jurídico; um respeito supersticioso ao contrato. Você faz um contrato, faz um verdadeiro engajamento diante de si, quando diz a outrem: não farei isso nunca. Que convencimento absurdo de que "manter a palavra" é tudo. Descobre outros sentidos, ultrapassa e se ultrapassa – mas chegou a dizer que é algo, que permanece o que é, o que foi. É, no fundo, a superstição do outro. A vergonha do outro – dentro de você.

***

Observo com interesse, quando param dois trens na estação, com que avidez os homens olham uns para os outros. É pouco dizer que querem encontrar um conhecido. Não, é um sentimento metafísico. Querem ver *outrem*. Cada um se vê a si no outro. E ri.

***

Encontrei mais um homem de quem posso separar-me. Pois um homem pleno, rico, valioso, é um a quem, com uma palavra, você pode dizer muitíssimo. Apertem as mãos, olhem um nos olhos do outro, e aconteceu algo. É um pacto entre vocês: "agora podemos separar-nos". Pois por qualquer motivo que os separe daqui por diante, são dois homens que *se encontraram*.

Isto é o essencial: encontrar-se com o outro. O final – que deve significar sempre um resgate de todos os temas – torna-se agora possível. Esses homens, perto dos quais passa horas e que estão horas perto de você, para não obter nada nem um nem outro, são tão desenxabidos que nem sequer não pode separar-se deles.

Numero as horas boas de acordo com o número de separações possíveis.

***

Do mesmo modo é aquela declaração de amor mais bonita: "Sinto que posso abandoná-lo. Amo-o tanto que algo em mim se fez pleno, e agora posso abandoná-lo". É inútil você voltar a cabeça. Poderia ver a perplexidade. Quando parte, é bom crer que fechou a conta.

***

Vivi algumas vezes na vida um feriado miraculoso; o feriado de fazer de qualquer coisa um feriado. Você começa com o feriado de reencontrar o trabalho; depois vem o feriado de se interromper; abre o jornal, e vive o feriado de ver que não aconteceu nada ruim; passeia, e tudo é feriado; mas quando volta para comer, já não sabe bem se é feriado da própria comida, ou aquela espera – tão sutilmente descrita em *A Montanha Mágica*, de Thomas Mann – de fumar até o fim um cigarro. Porque se amontoam para você os outros feriados, todos o solicitam, disputam o seu ser e todo o seu tempo, até que, zonzo de tanta felicidade, invoca aquele feriado de todos os dias –

que não é dado aos do paraíso –, o feriado de não haver nenhum feriado.

***

Lembro-me de um dia, quando tinha doze anos, em que se juntaram muitas crianças ao redor de um primo mais velho, que dizia estar começando a conhecer (que expressão absurda!) a vida. Não encontrei nunca mais tarde tanta atenção e sede de saber. Tudo estava suspenso em nossos corações – "como é?" –, mas daqueles lábios esperávamos que se desprendesse uma verdade vital.

Pode ser trivial e de mau gosto o que digo agora. Mas é inútil sermos filisteus e moralistas. É um fato que nenhum professor despertou em mim uma sede de conhecer de tamanha intensidade – e *ela* tem de ser despertada no discípulo. Você tem de engajar tão profundamente o seu ser para ele sentir, com a respiração cortada, que existe um absoluto de conhecimento.

E você passou em vão pela vida se não fez uma experiência tão profundamente humana quanto a de alguém lhe perguntar, trêmulo: "como é?".

***

O que não sabem os pedagogos, e o bom-senso romeno sabe: "Não dê conselho a quem não o pede, que não o escuta".

Cause-lhe sede primeiro. Coloque-o na situação de o pedir. E, por fim, dize-lho – se tem algo que dizer.

***

É absurdo dizer que existem preocupações desinteressadas. Não conheço nada mais passional, mas algumas vezes mesquinho, do que as assim ditas preocupações desinteressadas. Tudo é interessado, numa dimensão ou noutra, no começo. A pureza se obtém somente mais tarde, se se obtém alguma vez.

***

A inocência é uma questão de vocabulário. Você deve evitar de nomear o mal. O homem bom não vê o mal porque se recusa a aprender os nomes, a individualizá-los, a sabê-los. Existe o mal também nele; mas entra, não sei como, em outra composição.

***

Que significa: puro? Abrangente de tudo. Absolutamente puro seria, se quiser, abrangente de todas as impurezas. Aumentando o número delas, elas se virtualizam pura e simplesmente.

Por que uma preocupação é mais pura do que outra, uma alegria (livresca, por exemplo) mais desinteressada e pura do que outra? Porque guarda em si muitas promessas. Mas a análise redescobre fácil as impurezas, que não se anulam senão porque se espessam. Na alegria de descobrir algo profundo, uma verdade reveladora, há também a promessa de aprovação do futuro, e do sucesso, e – quanto se pode de concreto – da felicidade mundana de amanhã. É a promessa de poder. Que você pode não exercer, deixá-lo "em potência", virtual; mas que é, sozinha com a riqueza dela, a matéria de sua alegria pura.

É o paraíso em sua concreção, onde você se alegra de reencontrar todas as felicidades. O paraíso entendido daqui. Diria que o paraíso com que conta o bom cristão, se é vivo, é o em que se vão poder comer todas as frutas, começando com a proibida. Mas *poder-se-ia*, apenas.

***

A pureza romena:
Quando morre o homem, diz uma lenda popular, "se o corpo foi sem pecado, a alma o beija de cima a baixo e diz: ó corpo, flor, como me portaste a mim e me guardaste!".
Um freudiano de hoje analisaria a afirmação do beijo de cima a baixo. Mas deixemos uma vez a coisa em sua pureza. Pois é uma lenda, e, mais ainda, bela.

***

Constantino, o Grande, derrota Licínio. *L'impureté fait place à l'impureté*,[19] exclama o simpático Montherlant. É verdade, o cristianismo trazia também ele uma impureza. Mas uma mais *completa*. Disso se esquecem eles.

***

É curiosa a expulsão do paraíso. Os expulsos sabiam agora mais, porque tinham comido do fruto do conhecimento, o fruto do conhecimento do bem e do mal. Deus os amaldiçoa e diz: "Eis aqui está feito Adão como um de nós, conhecendo o bem, e o mal. Mas agora, para que não suceda que ele lance a mão e tome do fruto da árvore da vida e coma dele, e viva eternamente".[20]

Você é tentado, então, a dizer que o homem decaído está mais próximo de Deus; porque comeu do fruto do conhecimento do bem e do mal, e já não lhe resta agora senão comer também do outro fruto, da vida. Mas pouca coisa deve ser *o conhecimento*, porque, mantidos com ele, estamos, no entanto, tão distantes de Deus!

***

O que o homem moral não entende é que a sua moral é um caminho. Se começou a ser bom, tem de ser *melhor*.

---

[19] A impureza enfrenta a impureza. (N. T.)
[20] Gênesis 3,22. (N. T.)

Mas o cristianismo termina por ser uma perseguição justamente dos bons.
(Nós, aqui, temos vocação do trabalho. Pois nos nossos trácios, historia Pârvan, havia de quatro em quatro anos o sacrifício de jogar em lanças, em direção a deus, os que eram bons.) Você tem um monte de virtudes? Muito bem. Que tenha mais uma. Não pode? Então não lhe restará nada. Está tão baixo quanto os que nada tiveram desde o começo: como o filho.
Renunciar então à bruma de moral que tenho? – Tente, se ousar!

***

No mosteiro Humor, há em algum lugar, na parede do sul, seis ou oito cenas com o filho pródigo e seu irmão. Não estou seguro se na primeira cena, onde há três imagens em torno de uma mesa e onde o filho toma sua parte da herança, está também o irmão. Mas seguramente ele está na última cena. O filho voltou, na casa dele começaram a dançar em roda, e o pai vai até a porta, para chamar, para *puxar* para dentro o irmão. O movimento deste de recusa (um pouco inclinado para trás) abre todo o universo de fatos que completou e completa o irmão do filho pródigo: a ética do "não", a leitura dos clássicos que "purificam", o orgulho, o endurecimento.

Pena, no entanto, que a cena se está apagando cada vez mais no mosteiro Humor, pelas rajadas do vento e das chuvas. Mas o irmão permanece. Ele não será apagado – nem daqui nem dos outros muros.

***

Agrada-me um provérbio istro-romeno: "O dinheiro dá satisfação, a satisfação dá alegria, a alegria traz pobreza e a pobreza traz sabedoria". Tudo está em tudo.

***

"No coração do humilde senta o diabo à maneira grega." O irmão conhece este provérbio?

***

Vejo tão concretamente esse irmão moral, que o ouço julgando o mundo de hoje, tomando atitudes, dando preleções, participando e, sobretudo, recusando. Porque é um homem curioso – como todo ser estagnado –, virá ver o que fazemos na Escola. Algum de nós vai lançar-lhe no rosto: "É o irmão do filho pródigo". Ele não ouve bem, pois todos os orgulhosos são um pouco surdos, e vai dizer: "Perdoem-me, sou o professor..." E vai esperar que lhe perguntemos que matéria professa. Mas ninguém lhe vai perguntar.

***

L'homme du doute méthodique n'a jamais douté,[21] diz alguém acerca de Descartes. Não sei se é assim. Mas se for, que triste recomendação para os profissionais de uma verdade.

***

Penso em A. V. Por que, algumas vezes, tem ecos de mediocridade? Quiçá porque se comunicou muito com homens medíocres. Fizeram-lhe perguntas medíocres, e teve de responder a elas. A qualidade se mantém apenas por perguntas de qualidade, ou, ao menos, de sinceridade. O que mói o espírito são as perguntas grosseiras. Ninguém resiste: cai no professorado.

***

"Gosta de música?", pergunto a um jovem, que vem à Escola. Como qualquer jovem, hesita em responder diretamente. Começa a explicar que, seguramente, gosta muito, mas gostaria primeiro de conhecer bem, para dizer assim, a "técnica" musical, para poder entender a obra na sua essencialidade íntima e em...

Quem ensinou isso a ele? Um homem que fez como devia uma cadeira sabe quiçá tudo sobre o modo como

---

[21] O homem da dúvida metódica jamais duvidou. (N. T.)

Deus fez o mundo ou Bach uma *Paixão*. Os timoratos creem que é necessário conhecer cada técnica em parte para entender a obra respectiva. Mas não interessam as técnicas, mas a técnica. E é mais difícil conhecer *uma* obra bem do que todo o resto. (Quem conhece tecnicamente uma obra, sabe por que foi malfeita; mas se é benfeita, sabe-o também o não técnico.) Daí se pode levar nossa vida assim, em espaços restritos, mas essenciais, porque um responde ao outro. Mas quando não são essenciais (a vida de funcionário, de filólogo, ou a vida de um trabalhador de usina), então você pode ir quanto quiser na superfície: já não reencontra a essência – daquele mundo com portas abertas para outros mundos.

***

Alguém briga comigo porque perco tanto tempo assim com a Escola. Mas todo o nosso esforço é de fazer que no quadro de uma vida "caibam" cada vez mais coisas: a vida de família e a de solidão, os seus e os outros, a razão e a loucura. Quem integra mais, quem realiza um equilíbrio mais inesperado – ganha. (Quiçá assim como ganha, aumentando um jogo de cartas; mas ganha.)

***

Minha ex-professora de piano diz-me que agora, depois de vinte e tantos anos, as crianças têm maior sensibilidade musical do que então. Tenho impressão que aconteceu algo decisivo em favor da filosofia romena.

***

O sentimento musical da obra filosófica...

***

É doloroso que o romeno não entenda mais a solidão. Tomou parte da solidão cósmica, pastoral, mas não da solidão *comunitária*, fértil, em que, separado dos homens, você os reencontra verdadeiramente. Todos os nossos provérbios acerca da solidão (ao menos os de Zanne) lhe são desfavoráveis: "Apenas o louco anda sozinho, para que ninguém se aproxime dele". Não será por isso que nos falta o sentido metafísico?

***

Andava pelo bulevar Cotroceni, e o muro sem fim, como de fábrica, à esquerda, e as casas modernas da direita apareciam-me sob a lua como sendo de algures. Poderia encontrar-me em Berlim, em Moscou ou na Cidade do Cabo. E tomou-me de repente um temor de que não estou *nenhures*.

***

O nada é mais racional do que o ser. É homogêneo, reversível, indiferente. Exatamente como quer a razão.

***

A alma eslava sem a dimensão da infinidade, ou seja, sem o essencial da alma eslava, isto parecemos ter às vezes. Por exemplo, fazemos confissões que ninguém pede. Você acorda testemunhando coisas tão cruas, que o outro faz sinais, aprova, para que você termine; mas, impiedoso, você continua. Quer dizer *tudo*. Exatamente como nas grandes cenas de Dostoiévski.

***

Nossa cultura começa com Dimitrie Cantemir. A russa com o filho deste, Antioh Cantemir. Mas os russos têm aquele século escuro, o século XIX, de onde provêm todas as raízes.

***

Todos lhe ensinam, principalmente quando você é jovem, como vencer. Mas uma virtude maior, e, em qualquer caso, muito mais útil do que a técnica de vencer, é a de saber o que fazer com o que você não conseguiu. Não apenas que é difícil vencer sempre, mas também é infecundo. Você se transforma num "laureado". E, graças a Deus, o irmão do filho pródigo obteve algumas láureas.

Já que nos são dadas também derrotas, existe (sem uma procura especial delas, é claro) uma volúpia de derrotas, que deve ser cultivada nos jovens. E isto tem o filho pródigo. Mas certamente que por ela "se perde".

***

Alguém reclama porque foi ofendido. Não pode suportar ofensas. Mau sinal para ele. Provável que não possa suportar elogios. Quando alguém me elogia, sou tomado de pânico: se ele soubesse tudo o que não sei, tudo o que não sou? Quando alguém me condena, sinto-me aliviado: sou, no entanto, melhor do que isso.

***

Sigo algumas vezes os laureados na vida pública romena. Não seria sem interesse formarmos uma lista, de 1848 para frente; quem não foi laureado? Quiçá por um preconceito de catálogo foram impostas essas dificuldades, ao menos no passado: rigidez, hipertrofia do eu e alguma hipocrisia.

***

Todo o problema da Romênia não é apenas o de ser, o de ser na eternidade, mas o de vir a ser. Mas como você pode refazer o ser no futuro? Começando quando?

E penso numa Romênia que suportaria um Nietzsche dizendo: "Os romenos não são nada; eles se tornam algo".

***

O sono na história romena. Densuşianu mostra algures que no século IX não se encontra senão uma palavra

que pode ser romena, "Câmpulung"[22] [Campo longo].
No século XI, a palavra "cocora" [grua, fêmea do grou].
No século XII talvez a palavra "crez" ou "creț" [credo, fé].
Cerca de uma palavra por século! Ó, Senhor, como nos movemos devagar.

(Algumas vezes, no entanto, é bonito: o príncipe Ieremia não sai da igreja até o final da liturgia, embora lhe deem notícias da aproximação do inimigo de Suceava. – Será que ele tem razão?)

***

"Por muito que nos louvem, por muito que nos blasfemem as outras nações, os romenos querem considerar que são bons e grandes de nascença e querem mergulhar novamente no seu sono profundo." (Russo)

***

Não vejo por que temermos dizer: que pouco interessante é algumas vezes o Eminescu, pensador político. Algumas ideias, alguns impulsos, alguns fatos aproximativos (a afirmação de que a natalidade do povo romeno está em queda, que a nação se perde) dão muitas vezes a medida do escritor ou político. Será que o jornalismo é falto de perspectiva?

***

---

[22] Cidade no distrito de Argeș, região da Valáquia, na Romênia. (N. T.)

Quando os ouço falar da Romênia eterna, assim, sem nenhuma determinação, sem ancoradouro na história, lembra-me a "França eterna" de 1939. E graças a Deus, se um país tinha direito à eternidade era a França. Mas que significa eterno? Tem de ser algo, *crer* em algo. Mesmo um cristão é determinado: católico, ortodoxo, copta. Quem diz: "creio na Romênia de sempre" fala do mesmo modo que falaria – e existem alguns – "sou cristão pura e simplesmente". Ortodoxo? Não, cristão, em gênero. Protestante, então? Nem isso, cristão. Não seria de admirar acrescentar: é uma perspectiva *filosófica* do cristianismo. Ofendendo a filosofia – ciência "das generalidades", não? – e ofendendo o cristianismo.

***

Um professor me chama até ele. Eu falara de certas rupturas dentro da vida espiritual romena. Da impossibilidade de prolongar *o camponês* nosso, que é incapaz de dar uma filosofia, e não somente uma filosofia.

O professor quer dizer-me que, no entanto, a continuidade é necessária. Recebe-me no jardim e passeia comigo por ele, antes de entrarmos para tomar o chá. Mostra-me as aleias. São veladas por árvores grandes, de sessenta ou de oitenta anos, plantadas pelos avós dele, num jardim que era cuidado fazia três gerações. Continuidade.

É bem discreto para não pisar mais fundo no pedal. Mas sinto "a lição". Sinto que é preparada, querida, feita. E digo a mim mesmo: por que não faria assim, em algum lugar, na Escola.

***

Assisto a um seminário de Heidegger. Curioso, nem ele pode escapar a tiques professorais. Quer respostas corretas: que não pense o aluno, ou seja, que se aproxime; mas que *saiba*. A essência do professor é a de impedir que o pensar seja procurar, para haver exatidão.

Não se pode sem isso?

***

Antes havia a sofística. Ensinavam às pessoas como pensar sobre o que quer que fosse e responder a quem quer que fosse. Depois, por séculos inteiros, ensinou-se retórica. Ensinavam às crianças como falar, quais são as partes de um discurso, e como dizer algo, mesmo quando não têm nada para dizer. Hoje já não se ensina sofística nem retórica. Mas *algo* tem de ocupar-lhe o lugar. A humanidade não renuncia assim fácil a seu direito de mudar o ensinamento vivo em ensinamento morto. O que lhe tomou o lugar? Acreditei durante muito tempo que era o direito. Não, é a pedagogia.

***

A pedagogia quer tecnicizar, reduzir à forma e ao papel algo vivo, assim como fazia a sofística pelo pensamento ou a retórica pela palavra. Qualquer homem vivo sabe ensinar a outro, assim como todo homem bom é *dicendi peritus*[23] e qualquer homem puro pensa direito. Mas não, os homens querem uma ciência para algo assim. Não se perguntaram, vê-se, por que existem ciências inteiras que já não se lecionam hoje.

Espanta-me que Aristóteles não tivesse sido pedagogo!

***

(Aristóteles, que entendeu assim como entendeu as Ideias de Platão e viu até físicos nos pré-socráticos.)

***

Percebo de repente, ao ler *Ifigênia*, por que não gosto de Racine: mas é moralista, mas é humanista no sentido ruim da palavra – pedagogo. Esses homens têm necessariamente de fazer de tudo – e assim, direto, de modo indiscreto – uma lição. Se isso não fosse patente desde o começo em Racine, você poderia ver pelos prefácios.

Os prefácios de Racine... Quanta falta de poesia neles! Um advogado pleiteador, na maior parte das vezes; um crítico desarticulador de belezas. Ifigênia não deve ser

---

[23] Perito em falar. (N. T.)

sacrificada. *Quelle apparence que j'eusse souillée la scène par le meurtre horrible d'une personne aussi vertueuse et aussi aimable qu'il fallait (!) représenter Iphigénie.*[24] E, no entanto, a lógica estética exige que Ifigênia morra. Desafio alguém, que sente todo o destino aqui, a ser esteticista satisfeito com uma solução que salva, de maneira miraculosa, a Ifigênia. Mas a lógica de *moralista*, de pedagogo, exige de outra maneira. Ifigênia é virtuosa – portanto tem de escapar com vida. De outro modo, que diria o espectador? Não se escandalizaria? E então *j'ai été très heureux de trouver dans les anciens cette autre Iphigénie*,[25] como vagamente mencionada, é verdade, mas suficiente para o humanista Racine fazê-la, depois de denegri-la um pouquinho, ter tempo para a outra, boa, virtuosa Ifigênia, que devia, necessariamente, para o desenvolvimento da exemplaridade pedagógica dela, ter a felicidade de casar-se com Aquiles.

***

Leio as páginas de V. acerca do único grande homem que conhecemos aqui. (Vão aparecer somente depois de cinquenta anos, diz ele. Que volúpia rara poder ler

---

[24] Que probabilidade havia de que eu tivesse estragado a cena com a morte horrível de uma pessoa tão virtuosa e tão amável como deveria representar Ifigênia. (N. T.)

[25] Fiquei muito feliz de encontrar nos antigos essa outra Ifigênia. (N. T.)

cinquenta anos antes um livro essencial acerca de um homem, acerca do homem.)

Vejo ainda um dado límpido que um grande homem não pode ser *imitado*. No entanto o humanismo sonha com isto: oferecer protótipos que sejam, de um modo ou de outro, imitados. Mas é suprema a absurdidade da pedagogia. Pois nem ao menos numa vida de santo não há nada "exemplar", não há nada de imitar. Se não se realiza por conta própria, qualquer vida é um insucesso; uma dilação.

***

Um pensador alemão observa como tudo é na base da satisfação, em pessoas que escorregam para a esquerda, mesmo a cultura. Mas o triunfo da cultura na base da satisfação seria a Paris da moda, a Paris pura e simplesmente.

É verdade, qualquer livro bom francês é um prazer. Qualquer livro bom alemão é um esforço. O meu pensador chama sua cultura: heroica.

Não me agrada de maneira nenhuma esse termo. Mas sinto que a simples satisfação não pode ser cultura. É, quando muito, *prazer*; o que é outra coisa.

***

O homem jovem vem à Escola e diz: "Não posso ler até o fim *A Crítica da Razão Pura*. Comecei-a muitas

vezes, com comentários, interpretações e exegese – mas não posso lê-la".
Para que fazê-lo? Não tem senão de jogar fora Kant. O que ler? O que lhe agrada.
Não leia o que não lhe agrada. A filosofia é livre de obrigações. A beleza dela é que se pode começar de qualquer lugar. Não é uma ciência nem tem sequer uma definição. Agrada-lhe Descartes? Comece com Descartes. Apaixona-lhe o problema do devir? Comece com ele. Mas que saiba que *começa.* O que é filosofia, isso aprenderá no caminho. Porque parte agora, parte em direção a um mundo onde pode encontrar de qualquer ponto de partida. Não existe uma estrada real para os matemáticos, diz Euclides a um rei; mas *justamente* existe, assim para os matemáticos como para a ciência: é a estrada real da razão, a estrada da logicidade. Não se pode aprender matemática senão de uma maneira, e isso significa estrada real. Mas a filosofia não tem algo assim. Pode-se aprender de qualquer lugar, pois não tem uma estrada real da razão, mas estradas desconhecidas do coração.

Por isso não venha aqui sem amor. O livro não é um *pensum*,[26] e sem amor não faz ninguém cultura, e, em todo o caso, filosofia. Evidentemente há aqueles eruditos laboriosos, irmãos do filho pródigo, que fazem cultura

---

[26] Peso de lã que uma escrava devia fiar numa jornada. (N. T.)

sem amor. Mas veiculam noções, mais rapidamente do que fazem cultura.

Por isso não leia Kant. Sei, entretanto, que afinal você deve ler Kant. E até: deve lê-lo muitas vezes. Mas hoje não o leia. Faça o que lhe agrada. Mas se lhe agrada a filosofia, vai encontrar num dia qualquer Kant. Não quer encontrá-lo? Não lhe agradou a filosofia.

Le coeur a ses raisons que la raison ne connaît pas.[27] É simples: não leia Kant, mas ame a filosofia. Mas se você ama a filosofia, vai ler Kant.

***

Não pude nunca ler até o fim *A Divina Comédia.* Há uma ordem tão monstruosa ali.

***

O meu homem jovem está revoltado que a literatura ocupe tanto espaço em nossa cultura, ao passo que as ciências e outras preocupações sérias estão ausentes. Pode-se ignorar Kékulé, mas é uma vergonha não ter lido Rimbaud.

E, no entanto... Antes de tudo, se se interessa por filosofia, tem de interessar-se pelo homem. A ciência fala de coisas e, na melhor das hipóteses, de ideias. Mas nem

---

[27] O coração tem razões que a razão desconhece. (N. T.)

mesmo as ideias são o material da filosofia, mas o espírito, o espírito vivo que emite ideias.

Mas ainda há mais: existe todo um material que é apenas da literatura. Que saberíamos do funeral da rainha Vitória sem *Forsyte Saga*,[28] de Galsworthy? Ou da sociedade petersburguesa do século XIX sem *Guerra e Paz*? Descrever-nos-ia o historiador? Não brinquemos. Reconheço que a literatura é uma grande perda de tempo. Mas é dentre as maiores perdas de tempo que pode haver um ganho. Ao passo que as outras...

***

Somente agora entendo a expressão: "as belezas misteriosas da Bíblia". Há na Bíblia livros inteiros – o Levítico, os Números, até parte do Êxodo – onde não há senão "material". Em páginas em série fala-se de como e de que se deve fazer o tabernáculo do encontro, ou de que vai constar o sacrifício. Pormenores de ritual, material morto – você diz a si mesmo. E, no entanto, esse material ganha ritmo, organiza-se. Uma mesma descrição, com os mesmos detalhes, volta, transformando-se quase num encantamento.

Quando Moisés termina de assentar o tabernáculo, os capitães começam a trazer ofertas para o altar. No primeiro dia vem o filho de Aminadab:

---

[28] A Saga dos Forsytes. (N. T.)

"E o seu donativo foi um prato de prata de 130 siclos de peso, e uma redoma de prata de 70 siclos segundo o peso do santuário, cheios ambos de farinha borrifada..."[29]

No segundo dia vem Natanael:

"E o seu donativo foi um prato de prata de 130 siclos de peso, e uma redoma de prata de 70 siclos segundo o peso do santuário, cheios ambos de farinha borrifada..."[30]

Uma vez, duas vezes, doze vezes. É exasperante!... E, subitamente, sente-se quão belo é.

***

Existe na cultura moderna um *ethos* de esterilidade, diz Ernst Jünger: higiene, culto ao sol, esporte.

Entende-se um pouco por que os alemães são contra os ingleses.

***

Louvamo-nos porque cuidamos do corpo pela medicina, esporte e higiene, mas perdemos tanto o entendimento de um verdadeiro culto ao corpo. Perdemos, por exemplo, esta grande volúpia física do viajante: o lava-pés. Você tem de ler a Bíblia, ou páginas de um Claudel, de hoje, para sentir tudo o que significa o lava-pés.

---

[29] Números 7,13. (N. T.)
[30] Números 7,19. (N. T.)

Descobrimos – e ainda, porque os antigos já sabiam algo disso – o banho. Descobrimos a alegria do corpo todo. Mas se o corpo, por si mesmo, não é um todo verdadeiro? Se para o viajor bíblico o descanso dos pés é mais do que do resto? Porque todo o cansaço do corpo escorre, então, pelos pés, mas nada substitui o gesto daquela menina (de Claudel?) que lava os pés dos pais dela.

***

Ficou em minha camisa branca, no lado direito das costas, uma mancha de ferrugem. Lavaram-na mal. Isso não é nada. Mas o olhar de meu amigo desce, quando estamos conversando, para a mancha, e sinto-me mal de repente. "São manchas de sangue", fabulo por um reflexo de defesa. "Uma lança me atingiu no lado direito das costas."

Mas por que digo lança? Tudo é brincadeira, naturalmente. Mas por que numa brincadeira emprego uma palavra determinada e não outra? Já faz tantos séculos desde quando os homens já não se batem com lanças, e, no entanto, ela permanece, num sentido, uma arma atual. Por quê?

Porque é o modelo de arma: arma que prolonga a mão, que prolonga o homem. Um tanque, um aeroplano não apenas não prolongam o homem. O Homem está *neles*. Pode usá-los, mas eles não estão na potência dois, três..., mas outra coisa; outra coisa que um mecanismo de luta e outra coisa como efeito.

Daí, não sei como, mas creio que não se vai falar, na história, de nossas armas de hoje. O soldado permanece na eternidade com a lança, com a espada e com o arco.

***

Se quisesse mostrar algo na Escola é, em primeiro lugar, que tudo cabe na cultura. Que ela não é anemia, desvitalização. Não perdoaria nunca, em nome da cultura, àqueles que mandam o jovem "de volta para o livro", convencidos de que o desinstintualizam. Pessoalmente preferiria que boa parte dos jovens permanecesse no esporte e nos outros derivados dessa variedade. Porque se vêm para a cultura homens muito saudáveis, muito diretos e sem aquele mínimo inapreensível que nenhum pedagogo pode definir nunca, chamado "qualidade", então tudo é possível na cultura.

Como qualquer mundo válido, a cultura permanece fechada. Você encontra também alegria, e melancolia, e plenitude, e repouso. Apenas que os encontra, não sei como, na segunda vez. Prefiro deixar o gosto para o imediato àqueles de vidas imediatas.

***

Um artista começa de repente do momento em que sabe dar razão a todos os seus heróis. Porque você não devolve a vida senão quando põe o todo em equilíbrio, quando dá razão a todos. São assim os heróis de Ésquilo: cada um com sua razão. Etéocles tem razão em defender a cidade de Tebas contra seu irmão, Polinice, que a assedia com um exército estrangeiro. Mas Polinice tem razão de assediá-la, porque Etéocles o afastou de sua parte na regência. E o que é esplêndido é que também o coro se divide até o fim, nos *Sete contra Tebas*: metade segue Polinice, morto por ter razão; metade segue Etéocles, morto por ter razão.

***

Reencontro esse pensamento, mais belo, mais vivo, mais complexo, em *Oréstia*. Cada um tem razão de vingar-se. As vinganças chamam umas às outras, entrelaçam-se, ramificam-se, acorrentam-se umas às outras. Vingança contra vingança e vingança ao lado de vingança. Egisto tem razão de querer a morte de Agamemnon, porque este é da nação dos atridas, que lhe torturaram o pai, Tiestes. Mas o assassino não é ele, Egisto, mas a própria esposa de Agamemnon, Clitemnestra, que tem razão de matar o marido, porque este lhe sacrificara a filha, Ifigênia. Mas quando Orestes, filho deles, vai matar Clitemnestra e Egisto, o amante dela, já não se sabe bem por que vinga a morte do pai: a profanação que sua mãe fez do lar familiar, ou a perda de seu próprio cetro. Já não se sabe senão que tudo grita por vingança, pela voz, pelo gesto, pelo ser da irmã de Orestes, este monstro de piedade, amor e ódio: Electra.

Mas terminam aqui as vinganças? Não, porque até a sombra de Clitemnestra vai pedir vingança. Mas as Fúrias, as Eumênides, instigadas por ela, perseguem Orestes, em nome da razão, porque matou a própria mãe. "Agrada-nos termos razão", dizem também as Fúrias.

Mas o lance não se fecha senão diante da sábia Minerva, que está para julgar entre as Fúrias e Orestes. "É árdua a causa", diz Minerva. E por isso vai instituir um tribunal de atenienses. O resultado? A despeito do testemunho de Apolo em favor de Orestes, a despeito do voto de Minerva em favor dele, é igual o número dos votos.

O todo está em equilíbrio. Todo mundo tem razão. Oh, como é *verdade*!

***

Todos temos razão. Sermos céticos? Mas, ao contrário, somente agora, quando a inteligência terminou a obra, somente agora você pode instintualizar-se com a verdade. Pois é a *sua* metade de verdade. E é da natureza da verdade o instinto de querer ser inteiro.

***

Assustam-me as palavras de Lucas:[31] "Ai de vós, escribas, e fariseus hipócritas: porque sois semelhantes aos

---

[31] Na verdade, trata-se de Mateus. (N. T.)

sepulcros branqueados, que parecem por fora formosos aos homens, e por dentro estão cheios de ossos de mortos, e de toda a asquerosidade!".[32]

Pois penso que exatamente isto querem os escribas e fariseus: que *eles* existam. E quando há sepulcros, que sejam os sepulcros *deles*. Que dor maior do que haver sepulcros não conhecidos de que fala Lucas? Pisamos quiçá, em todo passo, o sepulcro não conhecido do irmão do filho pródigo.

***

Não é necessário apenas capacidade, mas também condescendência. Isso não sabe o irmão do filho pródigo que é eficiente todo dia. Ele e alguns ascetas.

***

Que interessante é viver o ético e que insípido teorizar sobre ele!

Fiz sinal ontem à noite a um táxi. Dera-me conta desde o começo, embora eu fizesse sinal, de que não era um táxi, mas um veículo militar. Subi, no entanto, porque o outro reconhecia, aconselhava-me quase. Se eu tivesse descido na primeira esquina, ter-lhe-ia dado 200 lei e lhe teria dito: "Camarada, enganamos o Estado e um ao outro?".

---

[32] Mateus 23,27. (N. T.)

Que bonito é viver o ético! Que não saiba ninguém o que você fez; nem ao menos a generalidade do que fez: a teoria.

***

Penso na cena de ontem com o táxi. Pode ser que não devesse falar nada, não dar nada. Assim, parece ter o ar de que dou uma "lição". Fazer o bem pura e simplesmente. Ser o bem, nas fronteiras de seu ser. Que prazeroso, que voluptuoso quase! Preocupa-me, no entanto, o termo "voluptuoso". Se, vivendo assim o ético, reencontro tudo o que repeli: o prazer, certo egoísmo, cegueira, orgulho, principalmente orgulho? Então reconheço ainda uma vez que o mal sustém o bem? Que a impureza faz possível a pureza?

Parece-me agora que não se pode senão *falar* do bem. E que insípido é.

(Pensar: decomposição, algumas vezes.)

***

Num grande país estrangeiro você é tomado de um sentimento obscuro de inquietação, até que encontra, por acaso, o bonde nº 1. Então se acalma: está no começo das coisas.

***

Que coisa bela pagar uma dívida! É uma entrada na ordem. O outro protesta – não era necessário se apressar, não tinha nenhuma importância... Mas as coisas *têm* de reentrar na ordem. Não entendi nunca a dificuldade dos filólogos de encontrar outro sentido para o último desejo de Sócrates de restituir ao vizinho o galo dele.

***

Pôr ordem nas coisas. Separar o inconveniente do inconveniente e pôr o conveniente ao lado do conveniente. Fazer síntese, aproximando os homens uns dos outros, casando-os entre eles e com as coisas – que exercício filosófico profundo! Observei que os homens têm desprezo por empresas que, no fundo, não são senão modos degradados de alguns exercícios nobres. Por exemplo, as pessoas desprezam os que fazem casamentos. Mas é, no registro dos subúrbios, algo profundamente válido, aqui. As pessoas não podem ser deixadas como estão. Está tudo em cacos, partido. Quando sabe que certo homem obteve um lugar conveniente, quando sabe que uma ideia viva pode entrar em composição com outra ideia viva, você já não pode ficar calmo até que crie uma nova forma de equilíbrio.

É de resto o sentimento mais puro que tenho. Pode ser que o único puro de verdade, no sentido deles: *eu* não figura nenhures.

***

Não está claro o que você obtém se renuncia a toda espécie de ambição e permanece com um orgulho imensurável. É um ganho? É um triunfo moral? Sim, é o do irmão, do pobre do irmão.

***

Que sábio! exclamam os outros, vendo-o saber aceitar uma derrota, saber enfrentar com serenidade o xeque-mate. É quase um estoico; atingiu a impassibilidade, a indiferença, a ataraxia.

Mas a maior parte deles não sabe que existe também uma indiferença positiva, uma de vida, de plenitude. Não a supressão das vontades, mas o duplicar de cada uma delas é a solução. Há uma sabedoria de não amar nada; mas há sobretudo a de amar uma e outra; de amar a alternativa. O que quer que aconteça numa situação determinada, é bem que aconteça. Dobre os seus desejos – não os extinga – e será feliz.

Em termos do filho pródigo: "Se meu pecado tiver êxito, é bem: tenho volúpia; se não tiver êxito, é, todavia, bem: tenho a virtude".

Mas é preferível que você procure os *seus* termos.

***

Alternativa. E acerca disso falou Kierkegaard. Este homem referiu-se a todos os problemas válidos. Mas discute-os tão insipidamente, quase sempre.

***

Sem saber biologia você pode fazer desde o começo uma pressuposição: primeiro nasce o organismo vivo, e depois forma-se o esqueleto; primeiro somos plasma vivo e depois tornamo-nos seres vertebrados. Assim é com tudo o que é vivo, começando com o pensamento, com a moral. Mas se não é assim a biologia, pior ainda para ela e os professores. (Têm um argumento a mais para permanecerem seres mortos.)

***

Espero na Escola o jovem tímido. Existe algo inestimável na timidez: conserva. Principalmente entre povos que amadurecem fácil, como são estes povos – latinos se quiserem –, a timidez é um fator educativo sem par. O essencial é prolongar a juventude; por qualquer meio, portanto, até pela timidez. Pois todos os "animais superiores" têm uma juventude longa. (Isso sei seguramente da biologia.)

Daí a luta entre o aprendiz verdadeiro e os pais. Professores acostumados conspiram com os pais em amadurecer o jovem; em dar-lhe conhecimentos necessários – dizem aqueles –, em prepará-lo para a vida, dizem esses. Então intervém o educador. O jovem não sabe defender-se só, defender sozinho o que é o melhor: a sua própria juventude; pois mesmo nele há alguns impulsos, tentações, instintos pura e simplesmente, que o levam à maturidade. E, no entanto, na alma dele insiste uma nostalgia de qualidade: ele procura o aprendizado, procura o mestre.

Ó que coisa bela acontece agora, entre os 20 e 25 anos! Os pais lhe dão um empurrão na vida; os professores lhe dão os diplomas; as pessoas ao redor lhe abrem as portas; os instintos de afirmação lhe dão incentivo. E ele? Ele vacila ainda. Mas está claro, dizem eles: olha aqui uma posição, olha ali um partido, olha acolá um encaixe possível. Que mais espera?

Não, ele espera. Algo espera nele. Algo se atrasa nele. Felizes dos que, nesses tempos de perigo, encontram um grande retardador!

***

O filho pródigo não teria saído para o mundo se tivesse encontrado o professor.

***

O irmão do filho pródigo teria saído para o mundo se tivesse encontrado um professor.

***

Esses homens creem que cometem um paradoxo quando dizem que uma ponte ou uma locomotiva não são algo concreto, mas uma simples abstração aplicada, uma abstração materializada; que o irmão do filho pródigo é algo concreto, mas uma estrada é uma abstração. Problema deles, definitivamente. Cada um se move no universo que lhe agrada.

***

Estou convencido de que vou encontrar, na Escola, alguém lendo um curso; chegado até ali, porque é tranquilo e porque pode ler, tranquilo, um curso. Vou pedir a ele, com brandura – que venha mais tarde.

***

É interessante seguir essas formas degradadas de alguns estados ou processos válidos na origem. Esse homem antipático – que fala "para ouvir-se", que não quer ouvir, mas tem algo que falar – não é senão um modo degradado semelhante. O ponto de partida dele é, na origem, legítimo. Pois qualquer homem aprende não do que se lhe diz, mas do que lhe é dado a falar sozinho. Qualquer ato de aprendizado é uma explicitação do próprio pensamento. (Isso eu o sei e os professores, quando ponho a criança para repetir. Apenas que param – direta ou indiretamente – na repetição, ou seja, na forma que é a mais trivial de aprendizado.)

Por isso senti sempre que os tolos são muito mais interessantes do que a maioria dos espertos. Não pelo que dizem, mas pela maneira como dizem as coisas. Pela liberdade com que as dizem. A inteligência dos espertos tem que ver com medo original: eles se satisfazem de não dizer tolices. É pouco, é lamentavelmente pouco.

***

Um parecer de Giacomo Casanova, o das *Memórias:* "Observei sempre que o excesso de menos é muito mais perigoso do que o de mais". É um ponto de vista. O irmão do filho pródigo tem um outro.

***

O homem jovem vem à escola para nos mostrar um plano de trabalho. É bom? Não sei se é bom: faça primeiro o trabalho. – Mas como faço o trabalho sem plano? – Como pode fazer o plano sem o trabalho? Porque o plano nasce do trabalho, assim como do plasma vivo nasce o esqueleto.

Naturalmente, você tem necessidade de *andaimes*. Mas se crê que os andaimes do pensamento são a mesma coisa que os das casas, a mesma coisa para todos os pensamentos – então está maduro para se tornar pedagogo.

***

Quanta tristeza tem de haver na alma dos que, começando a escrever um livro, sabem tudo o que querem dizer ali! Um homem que não aprende nada, fazendo, é um surdo fazendo perguntas cuja resposta ele já sabe; é um turista moderno, saindo para ver as paisagens com os mesmos olhos com que vira em casa as fotografias. Do *seu* ponto de vista, o irmão do filho pródigo tem todo o direito de não sair para o mundo. Nem o outro sairia – para tanto trabalho.

***

O filho pródigo não tem senão volúpia. O irmão do filho pródigo tem a curiosidade e o orgulho. Quem peca mais? Ou, quiçá, a curiosidade têm-na ambos. Mas o filho pródigo abre a porta; seu irmão olha pelo buraco da fechadura.

***

Se esse teólogo tem razão quando encontra três móveis do pecado: a curiosidade, a volúpia e o orgulho, então o irmão – numa análise também mais profunda – tem sobretudo esse pecado estranho de duplicar para si os pecados por estar um deles permanentemente presente. Ele não tem, por exemplo, *a simples* curiosidade, tem a *curiosidade* da curiosidade: quer ver como se está curioso. E tem a curiosidade da volúpia, segundo a qual tem a curiosidade do orgulho.

Algumas vezes o irmão do filho pródigo parece-me tão infernal que nem sequer tem um pecado: tem o pecado do pecado.

***

O que é interessante, quando você se ocupa da filosofia, é que desde um dado momento tudo começa a interessar-lhe e a instruí-lo: a teologia assim como as matemáticas, as ciências naturais e a teoria da música. Será o final? Ou só então o começo?

***

Um filólogo tem uma teoria sugestiva: teoria dos vazios. Põe um verbo – "canta" – diz ele, e imediatamente cria-se uma série de vazios: quem? Por quê? Como? Que profundo sentido metafísico. Você põe algo e cria as faltas. O ato de pôr empobrece a realidade. Porque introduz a diversidade na homogeneidade do nada.

Deixe o nada em paz, se não quer que se lhe mostrem os precipícios dele.

***

Kant encontra o intelecto, ou seja, o conhecimento; Fichte, o impulso de vida, ou seja, o ético; Schelling, a intuição da natureza, ou seja, a organicidade; Hegel, o devir da razão, ou seja, o espírito. E todos falam de liberdade.

Em alguns decênios acontece *o todo* na filosofia. Alguns gregos – e o universo da filosofia se fechou.

***

Às vezes parece-me que sei o que é a filosofia: é a aventura do universal quando se torna particular.

***

Entre todas as disciplinas filosóficas, o destino mais triste tem a psicologia. Disciplina *maîtresse* no século XIX, quando tendia a incorporar, por uma ciência dos homens, a ciência das coisas, ela chegou hoje à periferia. Pois quase nada já se explica psicologicamente, com exceção da própria psicologia. Não apenas a matemática e a lógica não são psicológicas, mas nem o conhecimento, nem a emoção estética, nem o viver moral ou religioso. Mas quando se reencontrou a distinção entre a alma e o espírito, a psicologia foi retrogradada ao nível de simples ciência da alma. (Daí uma filosofia, como é a francesa, que ainda é frequentemente psicologista, nos dizer tão pouco hoje).

A vida espiritual do homem, a própria vida, está para além da psicologia: é a dialética pura, ou o drama existencial. Pois nem o biológico nem o psicológico esgotavam a vida. Hoje redescobri o resto.

***

Agora entendo o que acontece com A. V.: é um *espírito* sufocado de *alma*. Encontro ao vivo esta tensão da filosofia contemporânea entre espírito e alma. Um dos maiores espíritos que conheci, ei-lo infectado de bondade, de lágrima, de alma. Ei-lo pronto para consentir nas sociedades beneficentes.

Quem não sente tudo o que é áspero, egoísta, cruel em espírito, não vive no nível dele. Os grandes homens não são bons – eis a verdade. Não digo que são maus, porque se diminuiriam então da mesma forma. Mas não são bons. Pois não existem para os outros. Existem para o espírito deles.

***

A obsessão da filosofia de tornar-se *strenge Wissenschaft*.[33] Quando de fato ela pesquisa como é possível uma *strenge Wissenschaft*.

***

A ciência é conhecimento. Mas a reflexão acerca do conhecimento, ou seja, o tomar consciência de si, a integração do ato de conhecimento na vida do espírito, dá outra coisa: dá a filosofia. Mas o conhecimento pode ser até racional (apesar de os homens de ciência começarem a

---

[33] Ciência exata. (N. T.)

falar também eles do irracional); mas a consciência de que o conhecimento é racional não é de maneira alguma um exercício racional.

Não posso entender como querem alguns que sejam a mesma coisa (a filosofia ser científica, ser até ciência) duas coisas que desde o começo dizem que não querem ser a mesma coisa.

***

Alguns filósofos sem o demônio da filosofia. Reconhecem algo preciso: filosofam para os outros, não para si. Escrevem para ensinar, não para esclarecer. (O pai dos sem demônio: Aristóteles.)

***

Na cadernetinha encontro anotado: "ficha". Depois de um momento de perplexidade lembro-me: procurara num grande restaurante uma ficha para uma conversa telefônica, mas a colocara, por distração, na sacola, juntamente com o troco. Fora-me dada outra. Agora tinha de restituí-la.

Quando entro no restaurante, dou-me conta que escolhi uma hora ruim. A caixa está ocupada e tenho de esperar. Aproximo-me, mas atrás de mim ouço a voz segura do patrão: "Senhorita, onde pôs os recibos para o fisco...?"

– Que deseja? – diz-me no final a caixa.

Começo: – Uma ficha telefônica...

– Pois não – responde-me ela, tirando vertiginosamente da caixa uma ficha.

– Perdoe-me, não preciso. Quero devolver-lhe uma.

– Mas por que não a guarda? – responde-me ela, exatamente no momento em que um cliente estende o cupom fiscal. Espero de novo o primeiro momento livre e retomo: – Apanhei, por engano, uma ficha sua, e lha restituo.

– Pois não – diz um pouco enervada a caixa, jogando na mesa de vidro uma moeda de 9 lei.

– Não lhe peço que me pague – digo eu.

– Então que quer?

– Senhorita – digo eu com um tom repentinamente decidido –, peguei com você nesses últimos dias duas fichas em vez de uma, que paguei. Agora lhe devolvo a outra.

– Por que não falou assim desde o começo!?

Pega a ficha, joga-a na gaveta e volta a cabeça em direção a outro cliente.

E sinto-me humilhado: não sei se por mim mesmo, ou por essa condição da ética, de atrapalhar as pessoas, de manter a vida no lugar. Amava-a outrora, como a uma verdadeira *mathesis* da vida, precisamente por isso. Mas se você não substitui pela vida *outra* vida (mesmo que seja formalmente) não ganhou nada. E parece-me que era exatamente isso que eu queria então.

***

Um matemático do século XVII, Roberval, saindo de um espetáculo, perguntava-se: *Qu'est-ce que cela prouve?*[34] Palavras de outro matemático: "a vida não é boa senão para estudar e para lecionar matemática".

***

A matemática – e qualquer *mathesis* vivida liricamente – purifica-lhe da vida até restituir-lhe à vida. Assim Platão chega, pela matemática, à dialética, ou Hegel por Newton (*qui genuit*[35] Kant...). Naturalmente, interessa a você também esta vida, a concretude dela, a miséria dela, a cor dela. Mas lhe interessa só assim, formalmente, como lição. A plenitude já não pode ter, depois que amou as matemáticas, se não aí. Para o conhecimento, a matemática pode ser tudo. Mas para a plenitude no espírito, ou seja, para a filosofia, ela não é senão um caminho. Roberval e o outro não sentiam que era um caminho. Por isso mesmo é que foram grandes matemáticos.

***

A pedagogia, a psicologia, a sociologia, a estética, tantas disciplinas que continuam a dizer-se filosóficas,

---

[34] Que prova isso? (N. T.)
[35] Que gerou. (N. T.)

embora os manejadores delas já não se interessem pela filosofia. Têm eles, no entanto, apreço por seu título? Então que experimentem mostrar quanta filosofia sabem. Mas se não sabem muita, por que ainda essa confusão – e ainda, da cátedra? A filosofia já estava suficientemente desacreditada também assim.

***

A tendência da filosofia não é para a unidade: é para o Uno. Mas essa confusão fazia com que alguns procurassem uma filosofia sintética, de conglomeração, de totalização. Você procura as integridades vivas com o compasso!

***

"O que falta na sua Escola, dizia-me um amigo, é o espírito crítico. Sem espírito crítico..."

Sei, sem espírito crítico não se pode fazer nada, porque tudo o que é bom se faz com espírito crítico, etc., etc. E daí? Como se se tratasse disso! A absurdidade do espírito crítico é que quer preceder; portanto, ser independente de outra coisa. Quem contesta que você tem de ter espírito crítico? Mas interessa o resto, não ele. É como se tivesse inventado o freio antes do automóvel.

De resto, se você não tem espírito crítico inato (ao lado e sob as faculdades criadoras) então desperta-lhe a coisa, o material. Pois tudo o que fizer, casa, poema ou ação política, *a matéria* lhe dá a medida; mostra-lhe o que se pode e o que não se pode. É, portanto, possível, em princípio, viver e criar sem espírito crítico, embora seja preferível estar com ele; mas apenas com ele não podem viver nem os peixes na água.

Que há homens que creem, no entanto, apenas no espírito crítico, fingindo que o essencial é escolher? Naturalmente, há até na Romênia. E eles dizem: o essencial não é encontrar os modos próprios de vida, mas ter espírito crítico suficiente para escolher, por outro lado, o que é melhor ali.

Mas eles não vivem na Romênia. Vivem numa colônia que, por acaso, se chama precisamente Romênia.

O senso de medida... Que biombo para a falta de sentimento, frequentemente? Vejo-os, afetando que não entendem como você pode crer no seu nada para além do que ele é hoje. Você tem de ter o senso de medida, dizem eles...

Mas eles o têm para si? Têm-no para a nação, para os outros, para tudo o que lhes é estranho; mas para si, não. Cada um de nós – reconheçam isso, cada um – crê obscuramente acerca de nós mesmos que poderíamos tornar-nos qualquer coisa: primeiro-ministro ou condutor de exército. Aconteceu que não nos tornamos, faltou isso ou aquilo; mas, em princípio, poderíamos ter chegado lá. Qualquer vida vivida na primeira pessoa tem, ao menos, uma liberdade, ao menos um irracional.

E agora entendo por que eles pregam a medida: não vivem na primeira pessoa. São "objetivos", porque não está em jogo o sujeito. Estão dentro das nações, mas não são a nação. É natural precisamente que tais homens o condenem em nome do bom-senso.

Somente isso lhes sobrou como sentimento: o bom-senso.

***

Crer em algo, ter certa visão de seu país, por exemplo, significa ver seu país *mais* alguma coisa. Os outros consideram que, se você opta por certa visão, adere a uma parte de um todo. Existem, é claro, também essas adesões. Mas as adesões válidas são as que o enviam para além do todo. (*L'excès sur le tout*,[36] dizia Valéry.) Quer também certo mapa, e eugenia, e estradas, e caráter. Mais alguma coisa.

Um convencimento válido aumenta as dimensões de seu objetivo.

***

É impressionante ver que algumas pessoas podem procriar sem amor, ao passo que um livro bom não pode ser escrito sem amor, sem o convívio com os heróis, com o material ou com os seus pensamentos. À primeira vista

---

[36] O excesso sobre o todo. (N. T.)

não é de crer que possam nascer homens bem-sucedidos pela simples biologia. Por que essa diferença? Quiçá porque um homem novo é um terceiro; ao passo que o livro é, de fato, um segundo. Não é fruto, mas o próprio objeto do amor. É Galateia.

***

Diferencio limpidamente dois tipos humanos: alguns homens que fazem o elogio da amizade (Cícero!), da harmonia, do enriquecimento pela identidade, pela descontração e troca pacífica; outros que creem que aprendem infinitamente mais do inimigo, na tensão. Como numa guerra em que no começo uma arma nova e um estilo próprio de luta surpreendem, ao passo que mais tarde as partes se equilibram, porque a outra aprende.

Quem sabe se o perturbador "Amai os vossos inimigos", do cristianismo, não tem também um substrato epistemológico.

***

O irmão do filho pródigo lê Cícero.

***

A liberdade e a razão, dizem os espíritos democráticos. E até aqui está muito bem. Mas o erro deles é crer que a liberdade é razão, quando deveriam crer – com

Schelling, com Hegel, com o romantismo germânico – que a razão é liberdade.

***

Liberdade: quando tinham as limitações de lugar, tempo e ação, os antigos ou os modernos faziam tragédias boas; e hoje, quando têm todas as liberdades, já não fazem. Porque hoje você pode escrever quase tudo, quanto e onde quiser; tem todas "as liberdades". E quem as emprega? Os autores de revista.

Tenho medo de não ser assim em todo lugar... Quão facilmente os homens vendem a liberdade, a única, a grande liberdade, por algumas liberdades.

***

Os romenos não têm a categoria ocidental da personalidade. Tudo é possível aqui, dentro do ser deles; tudo é permitido, segundo Ivã Karamazov.

***

Cantemir diz algures: "Ao metropolita julga-o o senhor, mas ao senhor apenas a sua consciência e Deus, que pôs o sultão como instrumento para endireitar e punir de vez em quando o senhor".

Como tudo se explica!

***

"... E mesmo que todas as blasfêmias e indignidades se encontrem em mim, todavia, com a permissão de Vossa Majestade, sou honrado e digno."

Poderia ser um pensamento cheio de ironia do filho pródigo para seu irmão. Mas não é senão da dedicatória de Dimitrie Cantemir a seu irmão, o senhor da Moldávia, Antíoco Cantemir.

***

Não me agrada de maneira nenhuma o exemplo de autoctonismo com o dácio da coluna de Trajano, que parece perfeitamente o camponês de hoje. É muito inabalável a "eternidade" romena.

***

Que belo dito tem o romeno: o dinheiro te inquieta.

***

Leio um livro acerca de Bizâncio e sinto que entendo imediatamente a história de Bizâncio (o mesmo que senti com El Greco, naquela sala entre o Velázquez convencional e o Goya clorótico). Por que nos é tão familiar o caos e a glória de lá? Uma história da França ou da Inglaterra não me prende. Estará Bizâncio em nós?

***

Não poderia ser outro o final de Moisés senão na magnificência. Ele sabe que seu povo vai perder-se. Dá-lhe ainda uma vez a lei, mas sabe que ele não vai submeter-se. E morre sem ter entrado em Canaã, mas prevendo o desmoronamento de sua obra.

Não entendo como podem os professores procurar a filosofia da história em outro lugar senão no Velho Testamento. Têm ali não apenas essa história costumeira, do passado, que sempre é a história dos desastres passados, mas também a história, ainda mais verdadeira, do futuro. E tudo teria sido desmoronamento na obra de Moisés, se não viessem os profetas – essas "testemunhas que se lembravam do futuro!", como diz Léon Bloy –, para prometerem a única história plena do mundo: a em que uma imensidade de passado se apoia numa imensidade de futuro.

***

Que felicidade são as revoluções que sabem contra quem lutam: contra todos aqueles de botas, ou contra todos os que passaram. Mas deste lado é algo sutil e paralisante: é o fato de ter cada vez mais perto o inimigo – não é o estrangeiro, não é o miserável, não é o homem envelhecido, não é o homem correto, não é nem o seu camarada – até que veja que se confunde com você. "Tenho de tornar-me outro."

***

Um amigo me chama a atenção para o belo termo que Eliade Rădulescu tem para predeterminação: "predestinação". Oh, Senhor, isto tem de lhe mostrar um amigo! Os professores não são feitos para isso.

***

Pitié pour les forts...[37] Tudo se disse na França.

***

"Todos os rios entram no mar, e o mar nem por isso transborda."[38] Estranho é também este Eclesiastes! Se o mar transbordasse, diria: "Os rios entram no mar, o mar se enche e transborda, mas os rios refeitos entram de novo no mar". Pois tudo é, tem de ser – vaidade.

***

É curioso no Velho Testamento como terminam as mulheres estéreis por ter filhos providenciais; Sara, a Isaac; Raquel, a José; a mulher de Manoá, a Sansão; ou Ana, a Samuel... Tenho de perguntar a M. E. que sentido tem a filosofia na religião.

É talvez aquela esperança que dá medida às coisas? Temo, em todo o caso, que não seja uma reabilitação da

---

[37] Piedade para os fortes. (N. T.)
[38] Eclesiastes 1,7. (N. T.)

esterilidade. Senhor, tudo tem de ter sentido nesta vida, até também o que não é vida!

***

Bossuet e tantos outros querem ver "a lei", no Velho Testamento. Mas não há também amor ali? Outro amor, mais inflamado, mais passional – sou "um fogo devorante",[39] diz o próprio Deus –, mas, assim mesmo, amor. A lei também ela interessa, naturalmente. Mas o primeiro ponto da lei, e às vezes o único, é: é o adúltero não celebrar com outros deuses, pois "sou o Deus zeloso"...[40]

Ciúme, arbitrariedade, exclusivismo, impulsividade – quantos traços inesperados – no amor de Deus para com o "Seu" povo? É o amor dos homens no coração de Deus. Para preparar o amor de Deus nos corações dos homens.

***

Vi algo inesperado: um homem caridoso que agradecia a um pedinte porque este lhe recebera uma esmola. No fundo, tinha razão de fazê-lo. Porque o benfeitor existe por aquele que recebe. Quão reconhecedor deve ser o médico ao doente a quem ele curou!

---

[39] Isaías 30,27. (N. T.)
[40] Êxodo 20,5. (N. T.)

Não se sabe quem dá e quem recebe.

***

Encontro em *Língua Romena* do professor Sextil Puşcariu esta observação curiosa. Frio[41] vem de *recens*, fresco: *aqua recens*. Mas se a associação se fizesse de outro modo, por exemplo *panis recens*, então frio significaria quente. Que procuramos na ciência? A elevação até este ponto de indiferença, em que uma coisa poderia ser o seu contrário. A elevação até a vida, opção. Pois a vida é indiferença, não a ciência, como se diz normalmente. A vida é liberdade de escolher, indiferença de escolher, possibilidade de optar. Qualquer ciência procura elevar-se até o ponto em que as coisas poderiam ser também de outro modo. Assim como são hoje, as coisas estão congeladas num sentido, numa acepção. Elevar-se até a vida significa procurar aquela liberdade para além do congelamento.

E *agradar-me-ia* elevar-me até o ponto em que o pensamento romeno não fosse mais resignação e sabedoria. Até antes do congelamento na eternidade.

Sei, este é o romeno; frio no sentido de frio e não de quente. Mas não quero crer que é apenas isso.

***

---

[41] Rece, em romeno. (N. T.)

Em nossos dias aconteceria algo histórico na vida da Romênia: apareceram os primeiros que, acreditando na nação romena, se mostram insatisfeitos com o homem romeno. Crendo na nação romena. Porque, de outro modo, do ocidentalismo, houve também muitos *bonjurişti*[42] do século XX.

Até hoje, todos, mesmo os *bonjuriştii* do século XIX (além deste grande precursor *bonjurist*: Cantemir), creram que tudo que nos é necessário é sermos postos em certas condições – de independência, liberdade – para mostrar o que podemos. Mas não é o bastante. Passaram-se muitos anos de anonimato por cima de nós para conhecermos por nós mesmos os caminhos do agir e da personalização.

Mas este é o romeno, diz-me o meu amigo V. Por que quer de outro modo? Não se saturam com o absurdo: "Crie para si outro destino"?

Vejamos. Vejamos se é outro destino. Poderia ser o mesmo, mas com outra face. Com a face provindo da luz.

***

Nenhuma solidão é maior do que a das nações. É quase como o pavor e a escuridão bíblica.

***

---

[42] "Intelectual estrangeirado do meio do século XIX que introduzia na Romênia as maneiras e atitudes de raiz ocidental", apud *Dicionário de Romeno Português*, Porto Editora, coordenado por Victor Buescu. (N. T.)

Fascina-me e aterra-me a visão filosófica de V. Este homem tem o demônio da inação. E como ele o justifica? Dizendo que apenas o virtual tem valor, apenas o que pode ser, e não também o que é. Sinto que está a caminho de fazer toda uma teoria – que atribui a outros, mas que no fundo pertence apenas a seu próprio demônio – para mostrar porque, no entanto, tem um sentido a ação. Tem sentido, diz ele, para ver pela ação que você podia ter feito. E age, para ver suas possibilidades; ou joga os outros em ação; você os tenta e os questiona, para ver as possibilidades deles; sinto que quase me seduz filosoficamente: o atual não é senão para o conhecimento do virtual. Não existe em si, mas como um tomar de consciência de si de sua própria inatualidade. Saímos do sono, para sabermos tudo o que dorme em nós, quando dormimos. Merece um sistema de filosofia.

Mas só isso! Porque é de outro modo; agora sinto claramente que é de outro modo. A ação não o define no que você era, mas o faz aventurar naquilo que nunca foi. A ação o altera. Você é tudo o que podia ser, e ainda há um resto.

É algo que se nos *dá*, e algo que se vai dar-nos. Esses realistas daquilo que foi, não do que será! Como creem eles em Deus, se não creem no império do futuro?

Existe um risco – e para ele vivemos. Quando vê quão perfeito é seu filho ilegítimo, exclama Agostinho: "Eu nele pus apenas o pecado, Senhor; Tu puseste o resto". Entendem? Tudo o que é ação, tudo o que é saída do sono, é ilegítimo; mas Deus é bom e nos dá o resto. Nós pomos o pecado, ou seja, o orgulho, a sede terrena, a volúpia, a curiosidade, o escuro. Deus põe o resto.

***

A versão romena do filho pródigo: "São João era um pastor muito bom para Deus. Um dia perdeu-se um cordeiro. Voltou e, procurando-o, correu atrás dele pela água e pelo campo... três dias e três noites. Quando o apanhou, tomou-o nos braços e beijou-lhe os cascos: – Pobrezinho, diz ele, devem ter-te doído muito os pezinhos, pelo muito que correste. – Se fosse outro, imediatamente o mataria. Então Deus o fez santo".

Sem dúvida que é belo. Mas por que todas as belezas romenas têm de ser com pastores, com natureza e com ternura?

***

Todas as vezes que vejo um adolescente, penso que destino injusto lhe reserva o mundo contemporâneo. Entre os gregos era diferente. Sei, as más línguas da história nos acostumaram com outra coisa. Mas para além de todas as maledicências e escândalos, há aqui um *problema*. Temos de sentir isso.

Diante de uma moça de dezoito anos, qualquer sábio da terra tem uma atenção e um entendimento a mais. Ela existe, para ele. Os acadêmicos e outras cabeças calvas acotovelam-se em torno dela e ficam, com uma graça tardia, à disposição. (Como zombariam de nós, de sua parte, os gregos!) Mas com o tempo, qual é o estatuto moral do jovem de dezoito anos? "Vamos conversar mais tarde."

É verdade, uma moça é tudo aos dezoito anos. Sabe e entende tudo. A luta dela será, doravante, de não perder.

E assim como vai crispar-se para não perder a juventude, assim também se esforçará, pela cultura, experiência ou memória, para saber tudo o que sabia, *de uma vez*, então. Reconheço, é, num sentido, mais interessante. Mas apenas num sentido. Porque ela não tem futuro, mas se ama o futuro, o jovem é mais interessante.

Deixa que se aproxime de você, ou aproxima-se dele. Toma na sua mão a alma dele e a joga, como um punhado de trigo: tem peso? É bom de semear? E será, se puder, não aquele que procura colher ainda algo; mas como a chuva, aquela chuva de outono, que não sabe nada de colheitas...

***

A Escola. Esta Escola. Não sei se a farei algum dia. Mas agradar-me-ia que no final da vida pudesse dizer: e não fiz senão isto.

***

Revejo todo o diário. Que encerra, no fundo? Apenas duas coisas, dois mitos próprios: o mito da Escola e o mito do Irmão. E pode ser até que não sejam nem mesmo dois, mas apenas um. Porque sou eu mesmo o irmão, que procura, pela Escola, a reconciliação com o mundo: com os filhos que vêm, com os filhos que saem para o mundo...

SOBRE A ERRATA

Que enternecedores são esses autores que imaginam que todo o desastre vem da substituição de uma vírgula por um ponto e vírgula. Você os vê implorando ao leitor que considere que:

Na p. 56, linha 16, contando de cima, começa um fragmento novo.

Na p. 59, linha 1, contando de cima é: Simmel, não Limmel.

Na p. 87, linha 4, contando de baixo, é: "elas não são ele", em vez de "elas não são".

Na p. 96, linha 9, contando de baixo é: "insiste", em vez de "está".

Na p. 110, linha 8, de cima para baixo, é "do objeto", não "do objetivo".[43]

como se não houvesse na obra dele uma falha mais profunda. Mas que são os livros senão atos de vida, ao passo que a própria vida é uma soma de gestos falhos, uma dissipação de falhas, até que, num dia, um único gesto, o único, obtém aquilo de que se aproximaram todos os outros. Oh, se pudéssemos, então, apresentar-nos diante de você, e de seu terrível juízo, leitor, respeitador, recriminador...

---
[43] Trata-se de erros encontrados nas páginas da edição original (nota da editora romena).

Dados Internacionais de Catalogação na Publicação (CIP)
(Câmara Brasileira do Livro, SP, Brasil)

Noica, Constantin,
　　Diário filosófico / Constantin Noica; tradução Elpídio Mário Dantas Fonseca ; conferência com o texto romeno Cristina Nicoleta Mănescu. – São Paulo : É Realizações, 2011.

　　Título original: Jurnal filozofic
　　ISBN 978-85-8033-021-2

　　1. Filosofia - Miscelânea I. Título II. Série.

11-03395   CDD-100

Índices para catálogo sistemático:
1. Filosofia   100

Este livro foi impresso pela
Cromosete Gráfica e Editora para
É Realizações, em junho de 2011.
Os tipos usados são da família
Adobe Garamond Pro e KarabinE.
O papel do miolo é pólen bold
90g, e o da capa, supremo 300g.